Silvia Huth
Manfred Frust

Schlösser
am Oberrhein

Hinter manch grimmigem Türklopfer wie hier in Ebnet tut sich liebenswertes badisches Schlossleben auf.

Silvia Huth
Manfred Frust

Schlösser am Oberrhein

Geschichte und Geschichten

Mit Fotografien von
Peter Sandbiller

Silberburg·Verlag

Die Autoren:
Silvia Huth stammt aus Niederbayern,
Manfred Frust aus der Porzellanstadt Selb
im Fichtelgebirge. Studiert und gearbeitet
haben beide lange Zeit in München. Kennen-
gelernt haben sich die »zwei Bayern in
Baden« aber erst vor 20 Jahren in Karlsruhe.
Seither lebt das Journalistenehepaar im
Landkreis Rastatt und erforscht mit Neugierde
und Begeisterung seine neue Heimat am
Oberrhein.

Der Fotograf:
Peter Sandbiller, geboren 1962 in Koblenz,
arbeitet seit 1988 als freiberuflicher
Fotograf für zahlreiche Tageszeitungen und
Verlage. Seit 1991 ist er auf Luftbildfotografie
spezialisiert. Er lebt in Karlsruhe.

1. Auflage 2008

© 2008 by Silberburg-Verlag GmbH,
Schönbuchstraße 48, D-72074 Tübingen.
Alle Rechte vorbehalten.
Umschlaggestaltung:
Anette Wenzel, Tübingen,
unter Verwendung einer Fotografie
von Peter Sandbiller.
Druck: Freiburger Graphische Betriebe,
Freiburg im Breisgau.
Printed in Germany.

ISBN 978-3-87407-793-4

Besuchen Sie uns im Internet
und entdecken Sie die Vielfalt
unseres Verlagsprogramms:
www.silberburg.de

Einbandvorderseite:
Schloss Balthasar im Europapark Rust
Einbandrückseite:
Prachtvoller Barockbau: Schloss Bruchsal
Vorderes Vorsatzpapier:
Ausschnitt aus der Topographia Sueviae
von Matthäus Merian, 1643
Seite 1:
Der barocke Urahn unserer Gartenzwerge
hütet den Hof auf Schloss Munzingen.

Bildnachweis:
Staatsanzeiger für
Baden-Württemberg GmbH:
S. 18, 34, 43, 81, 82, 86 links.
Archiv Silberburg-Verlag:
S. 20, 39.
Otto Kuhn/JVA Bruchsal:
S. 55.
Alle anderen Fotografien:
Peter Sandbiller.

Inhaltsverzeichnis

Die Geschichte der badischen Schlösser am Oberrhein endet nicht im 19. Jahrhundert. Der Wiederaufbau der im Zweiten Weltkrieg zerstörten Residenzen ist selbst ein Stück Architekturgeschichte geworden. Was aber das Wichtigste ist: Die meisten unserer Schlösser sind voller Leben. Nicht nur die staatlichen Museen machen Geschichte in den großen Residenzschlössern mit modernen Ausstellungskonzepten und originellen Sonderführungen erfahrbar: Kommunale und private Eigentümer haben viele der kleineren Schlösser zu kulturellen Zentren von oft überregionaler Bedeutung entwickelt, andere sind zu renommierten Weingütern und Restaurants geworden.

Jahrtausende alte Fundamente

Gewaltige Verschiebungen der Erdkruste haben vor Jahrmillionen den Schauplatz für die Geschichte des Menschen am Oberrhein geschaffen: Zwischen Schwarzwald und Vogesen, Odenwald und Pfälzer Wald entsteht die fruchtbare Tiefebene mit dem mildesten Klima Deutschlands. Erste Herrschaftssitze legen wahrscheinlich schon die Kelten mit riesigen Wallanlagen bei Zähringen, Heidelberg und Baden-Baden an. Auf den Fundamenten der Römerstadt »Lopodunum« entsteht ein fränkischer Königshof

und später die Ladenburger Bischofsresidenz, über der weitläufigen »Villa Urbana« in Heitersheim errichtet der Malteserorden seinen Sitz.

Den Römern folgen die Alemannen, die im 6. Jahrhundert von den Franken nach Süden zurückgedrängt werden. Die Grenze zwischen den Herzogtümern Franken und Schwaben südlich von Rastatt gilt bis heute als Sprachgrenze zwischen den alemannischen und fränkischen Dialekten.

Die Kurpfalz und ihre Nachbarn

Mächtigster Grundbesitzer am nördlichen Oberrhein wird im frühen Mittelalter das 764 gegründete Kloster Lorsch. In seinem berühmten »Codex Laureshamensis« kann es Tausende von Schenkungen verzeichnen. Ein Zwerg ist daneben das Bistum Worms mit dem Lobdengau und dem unteren Neckartal. Dank Kaiser Friedrich Barbarossas Machtpolitik entsteht hier die Keimzelle der Kurpfalz: 1156 ernennt er seinen Halbbruder Konrad von Staufen, Vogt des Klosters Lorsch und des Bistums Worms, zum Pfalzgrafen bei Rhein und gibt ihm zudem umfangreichen Besitz im Speyer- und Wormsgau. 1356 macht die »Goldene Bulle« Kaiser Karls IV. die Pfalzgrafen, die seit 1214 aus dem Hause Wittelsbach stammen, zu den mächtigsten Männern im Deutschen Reich: Sie gehören zu den

Fast verloren wirkt das kleine Café im riesigen Ehrenhof des Mannheimer Schlosses, der zum Popfestival im Sommer über 100 000 Menschen anlockt.

sieben Kurfürsten, die allein den deutschen König wählen. Heidelberg wird Hauptstadt der Kurpfalz.

Nachbarn der Kurpfalz im Süden sind die Kraichgauritter und die Bischöfe von Speyer mit umfangreichen Ländereien rund um Bruchsal. Im 14. Jahrhundert verlegt das Hochstift seine Residenz aus der Domstadt nach Udenheim, das heutige Philippsburg, und baut Schlösser in Obergrombach und Kislau.

Machtkampf am Oberrhein

Die Geschichte von Schlössern ist immer auch die Geschichte politischer Macht. Um sie wird im Mittelalter am südlichen Oberrhein erbittert gerungen. Den Süden Baden-Württembergs und große Teile von Schweiz, Elsass und Vorarlberg beherrscht das Herzogtum Schwaben, ab dem 11. Jahrhundert meist im Besitz der Staufer. Neben ihnen macht sich an Rhein und Bodensee das Adelshaus der »Bertholde« breit. 1057 wird Graf Berthold von Kaiser Heinrich III. zum Markgrafen von Verona ernannt. Den Titel mit wenig realer Bedeutung übernimmt sein ältester Sohn Hermann, der Urahn der Markgrafen von Baden. Sein jüngerer Bruder Berthold II. macht die vorzeitliche Befestigungsanlage bei Zähringen zu seinem Sitz, nach dem sich die Familie künftig nennt.

Die Zähringer erschließen den Schwarzwald, gründen wichtige Klöster wie St. Peter, schaffen Verkehrswege und sichern ihr Territorium durch ein System von Burgen. Aber auch eine Reihe strategisch wichtiger Orte wird von ihnen gegründet oder ausgebaut, darunter Offenburg und Freiburg.

Im 13. Jahrhundert erlischt die Hauptlinie der Zähringer, und mit dem Tod des letzten Staufers endet 1268 auch das Herzogtum Schwaben. In der »kaiserlosen Zeit« beginnt in Südbaden ein zäher Verteilungskampf: Das rechtsrheinische Erbe der Zähringer fällt zum Teil an die Grafen von Urach-Freiburg, aber als »Seitenlinie« beanspruchen auch die Markgrafen von Baden ihren Anteil. Daneben erringen kirchliche Herren Besitz und Einfluss: Das Bistum Basel greift mit seiner Herrschaft Schliengen weit nach Norden, das Kloster St. Blasien baut seine Besitzungen in Bürgeln und Krozingen aus, die Bischöfe von Straßburg erobern das Kinzigtal und Teile der Ortenau, und rund um Heitersheim entsteht das Fürstentum der Johanniter.

Zugleich tritt die neue Macht am Oberrhein auf, die Südbadens Geschichte 500 Jahre lang dominiert.

Der Stammsitz der Dynastie mit Besitz in der Nordschweiz und im Oberelsass steht bei Brugg im Aargau: die Habsburg. Nach dem Ende der Staufer wird Rudolf I. von Habsburg 1273 zum deutschen König gewählt. Als die Habsburger ihre Schweizer Stammlande an die Eidgenossen verlieren, verlagert sich ihr Schwerpunkt auf die Nordseite von Bodensee und Hochrhein, das spätere Vorderösterreich entsteht. Freiburg ist seit Gründung der Universität 1457 kulturelles Zentrum, ab 1651 auch Hauptstadt. Eine Fürstenresidenz gibt es hier in der »Schwanzfeder des Kaiseradlers« nicht, dafür errichten k. k. Beamte und Adelige aus dem Breisgau und dem Elsass einen wahren Schwarm von Herrenhäusern rund um Freiburg.

Badische Zwergstaaten

Seit dem 13. Jahrhundert breitet sich die Baden-Badener Seitenlinie der Zähringer im ständigen Konflikt mit Habsburg und dem Bistum Basel nach Süden aus, nach Norden über Ettlingen, Durlach und Pforzheim und sogar bis zum Neckar, wo sie schnell an die Grenzen der Kurpfalz stößt. Im Badisch-Pfälzischen Krieg wird Markgraf Karl I. 1462 vernichtend geschlagen und im Heidelberger Schloss gefangen gesetzt. Politische Macht und ein geschlossenes Territorium können die Markgrafen aufgrund interner Zersplitterung nicht entwickeln. Die folgenschwerste Spaltung bringt die Landesteilung unter den Söhnen Christophs I.: die Bernhardinische Linie erhält Schloss und Stadt Baden, Rastatt, Ettlingen, Kehl und Mahlberg sowie luxemburgische und sponheimische Güter, die Ernestinische regiert von Pforzheim aus über Durlach, Liebenzell und den weit abgelegenen Besitz im Breisgau, das Markgräflerland. Beide Linien bauen im 16. Jahrhundert prachtvolle Renaissanceschlösser – Baden-Baden und Ettlingen, Durlach und Gottesaue.

Nach der Reformation wird Baden-Durlach evangelisch, Baden-Baden bleibt katholisch, sodass sich die Markgrafen im Dreißigjährigen Krieg von 1618 bis 1648 in feindlichen Lagern gegenüberstehen.

Den Anlass für diesen Krieg liefert der Pfälzer Kurfürst Friedrich V., als er nach der böhmischen Königskrone greift. Im Konflikt mit dem Habsburger Kaiser Ferdinand geht der Pfälzer »Winterkönig« unter, aber der Krieg zwischen Europas Großmächten ist bereits im Gange – der erste einer ganzen Serie, die im 17. Jahrhundert die Region am Oberrhein verwüsten.

Versailles – Erzfeind und Vorbild

1671 verheiratet der Pfälzer Kurfürst Karl I. Ludwig seine Tochter »Lieselotte von der Pfalz« mit dem Bruder des französischen Königs, dem Herzog von Orleans – mit verheerenden Folgen: Als seine Familie ausstirbt, beansprucht Ludwig XIV. das Pfälzer Erbe für Frankreich. Seine Armee marschiert in die Kurpfalz und Baden ein und führt im Schreckensjahr 1689 den Terrorbefehl aus: »Brûlez le Palatinat« – Verbrennt die Pfalz. Truppen des berüchtigten Generals Mélac verwüsten systematisch Hütten wie Paläste

am Oberrhein: Heidelberg, Schwetzingen, Mannheim, Speyer, Bruchsal, Ettlingen, Durlach, Gottesaue, Rastatt, Baden-Baden. Mit besonderer »Sorgfalt« wird die Heidelberger Residenz 1693 ein zweites Mal gesprengt.

Trotz allen Elends, das der »Sonnenkönig« anrichtet, wird sein Schloss Versailles das Maß aller Dinge für die Fürsten, die am Oberrhein Anfang des 18. Jahrhunderts ihre Barockresidenzen bauen. Den Anfang macht Markgraf Ludwig Wilhelm von Baden-Baden 1697 in Rastatt, zwei Jahrzehnte später folgen sein Durlacher Vetter Karl Wilhelm in Karlsruhe, der Speyerer Fürstbischof Hugo Damian von Schönborn in Bruchsal und der Pfälzer Kurfürst Carl Philipp in Mannheim. Zur Barockresidenz gehört das Lustschloss – Favorite und Gottesaue, Waghäusel und Schwetzingen. So mancher Stararchitekt und -künstler wechselt in jener Zeit von einer Schlossbaustelle zur nächsten.

Vom Zwergstaat zum Großherzogtum

1746 tritt Karl Friedrich Markgraf von Baden-Durlach die Regierung über einen zersplitterten Zwergstaat an, der durch die Wiedervereinigung der Markgrafschaft nach dem Aussterben der Baden-Badener Linie 1771 auch nur unwesentlich gewinnt. Am Ende seiner 65-jährigen Amtszeit herrscht Karl Friedrich als Großherzog über das Land rechts des Oberrheins von Weinheim bis Lörrach. Dabei steht Baden in den Revolutionskriegen gegen Frankreich zunächst auf der Verlierer-

Attraktion für große und kleine Besucher: Auf 342 Pfeifen tönt die Karussellorgel aus dem Jahr 1903 im Musikautomatenmuseum im Bruchsaler Schloss.

seite und muss seinen linksrheinischen Besitz abtreten. Dass es dafür mehr als üppig entschädigt wird, verdankt es der genialen Diplomatie des badischen Gesandten Sigismund von Reitzenstein sowie Napoleons Interesse, Baden zum Pufferstaat an der Rheingrenze aufzubauen. Leidtragende sind die bis dahin unmittelbar dem Reich unterstellten Städte und Ritter sowie die Klöster und Bistümer. Fetteste Beute ist der rechtsrheinische Teil der Kurpfalz, die seit 1778 mit Bayern vereint ist und von München aus regiert wird. Nach Österreichs Niederlage bei Austerlitz fällt 1805 auch Habsburgs Besitz im Breisgau und der Ortenau an Karlsruhe.

Nach Napoleons politischer »Flurbereinigung« verfügt das Großherzogtum Baden über mehr Schlösser, als es je nutzen kann. Manche stehen jahrzehntelang leer oder werden verkauft, betuchte Privatleute lassen sie im Zeitgeist der Romantik historisierend um- oder wieder aufbauen, sogar die Wiederherstellung des Heidelberger Schlosses wird ernsthaft diskutiert.

30 Jahre nach dem Ende der Monarchie wird ein letztes Mal in einem Schloss regiert: 1947 bis 1952 ist das Freiburger Colombi-Schlösschen Sitz der badischen Landesregierung.

Über eine Million Besucher lockt Deutschlands berühmteste Ruine jedes Jahr nach Heidelberg. »Schöpfer« dieses einzigartigen Gesamtkunstwerks ist – ganz unabsichtlich – der berüchtigte französische General Mélac, der die Residenz der Pfälzer Kurfürsten im Pfälzer Erbfolgekrieg 1693 sprengen lässt. Ohne es zu ahnen, tragen danach auch Heidelbergs protestantische Bürger dazu bei, dass die Ruine eine Ruine bleibt: Als der Hofstaat nach Heidelberg zurückkehren will, ärgern sie den katholischen Kurfürsten Carl Philipp im Streit um ihre Heiliggeistkirche so sehr, dass er alle Pläne zum Wiederaufbau des Schlosses ad acta legt und nach Mannheim zieht. Möge »Gras auf ihren Straßen wachsen«, verflucht er die unbotmäßige Stadt. Sein Nachfolger Carl Theodor will das Schloss zwar ab 1742 wieder bewohnbar machen, aber seinen Einzug verhindert buchstäblich himmlisches Eingreifen: 1764 stehen die kurfürstlichen Möbel schon vor den Toren, als ein Blitzschlag das Schloss neuerlich in Brand setzt. Ein denkmalschützerischer Glückstreffer? Der Schriftsteller Victor Hugo spottet Jahrzehnte später: »... wenn Carl

Theodor seine 30 Jahre dort verbracht hätte, wäre die strenge Ruine, die wir heute bewundern, sicher mit einer schrecklichen Pompadour-Verzierung versehen worden.«

Alltag im Heidelberger Schlosshof:
Baumaschinen am Friedrichsbau
und eine Besuchergruppe auf dem Weg
zum »Großen Fass«

So verfällt die Ruine über der Stadt und wird als Steinbruch für den Bau der Schwetzinger Sommerresidenz gefleddert. Aber als sie Karl Friedrich von Baden, seit 1803 neuer Herr der Kurpfalz »von Napoleons Gnaden«, endgültig abreißen will, wird sie zum Nationalheiligtum patriotischen Protests gegen die napoleonische Unterdrückung und zum Symbol des neuen Lebensgefühls der Romantik, das Künstler und Intellektuelle der wieder eröffneten Universität beseelt: Clemens Brentano, Achim von Arnim und Joseph von Eichendorff.

Bei aller Schwärmerei und nostalgischer Verklärung durch die deutschen Romantiker kommt der Retter des Heidelberger Schlosses aber ausgerechnet aus Frankreich: 1810 trifft Baron Charles de Graimberg ein, um Skizzen

für ein Landschaftsbild zu machen, das er eigentlich in Paris vollenden will. Er »verliert sein Herz in Heidelberg«, mietet sich in der Schlossruine ein und kämpft um ihre Erhaltung. Er opfert das Familienvermögen für sein »Kupferstich-Unternehmen« und macht mit seinen Druckgraphiken – Vorläufer moderner Ansichtskarten – Werbung für Heidelberg. Ab 1840 strömen Touristen mit der neu gebauten Eisenbahn herbei und tragen Kunde von der romantischen Ruine in ihre Heimat, so der englische Landschaftsmaler William Turner oder der amerikanische Schriftsteller Mark Twain, der gar vom »König Lear der unbeseelten Natur« schreibt.

Ruine mit Event-Charakter:
Dreimal im Jahr inszeniert Heidelberg mit
Böllern, Raketen und bengalischem
Feuer die Zerstörung von Schloss und Stadt
im 17. Jahrhundert.

bereits die Rechte des Vogts über das Kloster Lorsch und das Bistum Worms ausübt, hat damit ein ansehnliches Machtpaket in der Hand. Durch den neuen Besitz verlagert sich der Schwerpunkt der Rheinischen Pfalzgrafschaft vom Mittelrhein nach Süden, Konrad zieht von Bacharach auf eine alte Burg der Wormser Bischöfe auf dem Heidelberger Gaisberg, am Ort der heutigen Molkenkur. Eine zweite Burg entsteht an der Stelle des heutigen Schlosses.

1214 werden die bayerischen Wittelsbacher Pfalzgrafen bei Rhein, und die »Goldene Bulle« Kaiser Karls IV. macht sie 1356 zu den mächtigsten Männern im Deutschen Reich: Sie gehören zu den sieben Kurfürsten, die allein den König wählen. 350 Jahre lang ist Heidelberg Zentrum ihrer Macht.

Den Niedergang der Heidelberger Residenz leitet ein politisches Abenteuer Kurfürst Friedrichs V. ein, das den Dreißigjährigen Krieg in Gang bringt: Vielleicht bestärkt von seiner ehrgeizigen Gemahlin, der englischen Königstochter Elisabeth Stuart, lässt sich der calvinistisch erzogene Kurfürst 1619 zum böhmischen König wählen, nachdem die Böhmen ihren katholischen König Ferdinand von Habsburg abgesetzt hatten. Es kommt zum Krieg. Schon im November 1620 werden die Truppen des »Winterkönigs« Friedrich in der Schlacht am Weißen Berg vernichtend geschlagen. Gegen Fried-

Aufstieg und Fall der Residenz

Hausmachtpolitik Kaiser Friedrich I. Barbarossas gibt den Anstoß für die Entwicklung der Kurpfalz: 1156 ernennt er seinen Halbbruder, den Schwabenherzog Konrad von Hohenstaufen, zum Pfalzgrafen bei Rhein und gibt ihm Land im Speyer- und Wormsgau. Konrad, der

Fundamt für verlorene Herzen: der Ottheinrichsbau im Mai. Der starke Samson blickt diskret zur Seite.

rich wird die Reichsacht verhängt, er stirbt im Exil.

Erst sein Sohn Karl I. Ludwig bekommt 1649, ein Jahr nach dem Westfälischen Frieden, die Kurfürstenwürde zurück. Als fatal erweist sich sein vermeintlich kluger Schachzug, seine Tochter Elisabeth Charlotte (Lieselotte von der Pfalz) mit dem Herzog von Orléans, dem Bruder des französischen Königs Ludwig XIV., zu verheiraten: Mit dem Tod seines Sohnes Karl II. stirbt 1685 die Linie Pfalz-Simmern aus und der Sonnenkönig erhebt Anspruch auf das Erbe. Ab 1688 verwüsten französische Truppen im Pfälzischen Erbfolgekrieg elf Jahre lang systematisch die Kurpfalz und große Teile Badens, 1693 wird auch das Heidelberger Schloss gesprengt.

Aber schwer in das Tal hing die
  gigantische
Schicksalskundige Burg nieder bis auf
  den Grund
Von den Wettern zerrissen;
Doch die ewige Sonne goß
Ihr verjüngendes Licht über das
  alternde
Riesenbild, und umher grünte
  lebendiger
Efeu; freundliche Wälder
Rauschten über die Burg herab ...

Friedrich Hölderlin hat in seiner »Ode auf Heidelberg« vor über 200 Jahren genau erfasst, was auch heute die Besu-cher fesselt: Das »Gesamtkunstwerk« der geschichtsträchtigen Ruine am Waldhang hoch über der Stadt. Den Anmarsch durch den herrlichen Park, mit ständigem Blick auf die Schlossruine, sollte man als wertvolle Dreingabe genießen. Auch heute noch beeindrucken die Reste der gewaltigen Festungsanlagen, vor allem die massiven Rundtürme mit ihren meterdicken Mauern, die

Kurfürst Ludwig V. ab 1520 zusätzlich verstärkt hat – für ihre Sprengung sollen die französischen Soldaten rund 20 000 Pfund Pulver gebraucht haben.

In einer Stunde führt der Schlossrundgang durch die Jahrhunderte. Treffpunkt ist das älteste erhaltene Gebäude, der gotische Ruprechtsbau aus dem frühen 15. Jahrhundert. Zwei ergreifende Engelsfiguren über seinem

Portal stellen der Legende nach die Kinder des Baumeisters dar, die bei den Arbeiten zu Tode kamen.

Hinter den wuchtigen dreistöckigen Arkaden des Gläsernen Saalbaus im Hof verbarg sich einst der mit Spiegeln verkleidete Festsaal, den Friedrich II. 1549 bis 1552 erbauen ließ. Der Saal brannte 1764 nach einem Blitzeinschlag aus – übrig geblieben sind die

Historismus in voller Blüte: ein Flur im Friedrichsbau mit reich verzierter Decke, um 1900 phantasievoll restauriert

Arkaden und das Torgebäude daneben, auf dessen Treppengiebel sich Sirenen und Delphine tummeln.

Unsterblich gemacht hat sich Friedrichs Neffe Ottheinrich in seiner nur dreijährigen Amtszeit von 1556 bis 1559 mit dem ersten Renaissancepalast auf deutschem Boden, dessen Fassade als die schönste nördlich der Alpen gilt. Allegorische Skulpturen des Niederländers Alexander Colin versinnbildlichen Macht und Stärke des Herrschers mit Figuren wie Samson, David und Herkules, sowie die fürstlichen Tugenden, die er als antike Frauengestalten darstellt. Über dem Eingang prangt die Portraitbüste des Bauherren.

Konkurrenz bekommt Ottheinrichs Bau durch Kurfürst Friedrich IV., der im Jahr 1600 den vielbeschäftigten Johannes Schoch aus Königsbach ins Schloss holt. Er entwirft den Friedrichsbau, dessen Fassade Statuen der kurfürstlichen Ahnen seit Karl dem Großen schmücken. Die protestantische Kirche im Untergeschoss ist der einzige erhaltene historische Innenraum im Heidelberger Schloss.

»Bin scheint's wieder voll gewest«, heißt es im Studentenlied von Friedrich IV. – vielleicht hat sich der Gründer Mannheims gar zu innig der Hinterlassenschaft seines calvinistischen Vormunds und Onkels Johann Kasimir gewidmet, dem Großen Fass des Landauer Küfers Michael Werner. Mit 130 000 Liter Fassungsvermögen war es zu seiner Zeit das größte Weinfass der Welt. Das heutige Große Fass, fast doppelt so mächtig, bewacht der kurfürstliche Mundschenk, der Zwerg Perkeo. Der Sage nach hat ihn der Tod ereilt, als er im Alter von 80 Jahren erstmals Wasser statt Wein getrunken hat.

Heidelberg oder Disneyland?

Der letzte große Bauherr im Heidelberger Schloss, der »Winterkönig« Kurfürst Friedrich V., verwirklicht 1614 bis 1619 ein einzigartiges Gartenprojekt, den berühmten »Pfälzischen Garten«. Auf mühsam gebauten Terrassen am Berghang legt der Universalgelehrte Salomon de Caus einen

Oben: Hoch über dem Neckar lümmelt »Vater Rhein« im einst weltberühmten Schlossgarten.
Unten: Vor 600 Jahren sollen die Kinder des Schlossbaumeisters verunglückt sein. Hier am Ruprechtsbau beginnt die Schlossführung.

Renaissancegarten mit Wasserspielen und künstlichen Grotten an, der zeitweise als achtes Weltwunder gilt. Der Garten wird nie vollendet, er verfällt schon im Dreißigjährigen Krieg, sein Figurenschmuck wird nach Mannheim und Schwetzingen abtransportiert,

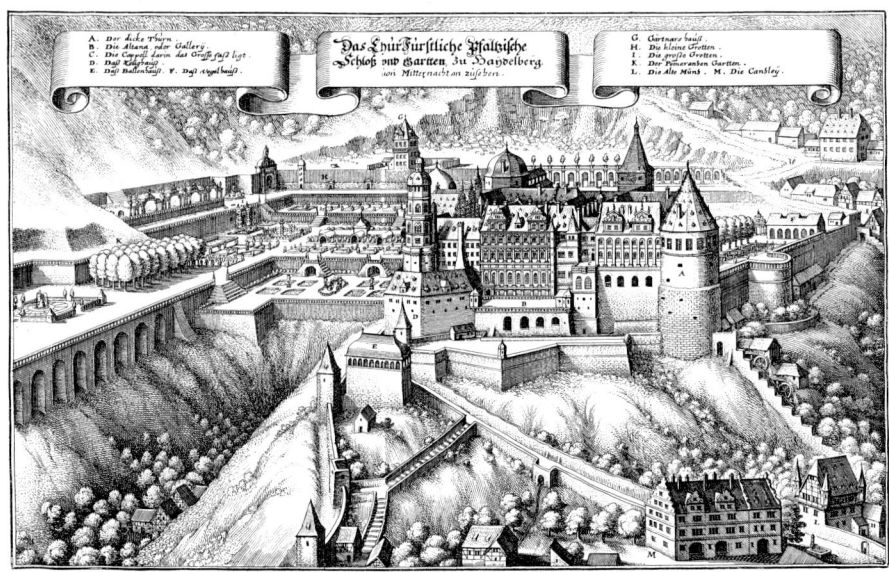

Matthäus Merian hat das Heidelberger Schloss in der kurzen Zeit seiner höchsten Blüte erlebt. In diesem Stich aus dem Jahr 1645 ist auch der berühmte Garten »Hortus Palatinus« perfekt erhalten.

1808 erhält er seine heutige Form als englischer Garten.

200 Jahre später bieten private Sponsoren Millionensummen für die Wiederherstellung des »Hortus Palatinus« an. Aus detaillierten Aufzeichnungen von Salomon de Caus wäre eine Rekonstruktion des Renaissance-Originals zwar möglich. Doch Gegner des Projekts wie der Landesverein Badische Heimat kritisieren, damit entstehe nichts anderes als eine »Kulisse«: Ein Gewinn für den Tourismus, aber die 400-jährige Geschichte des Schlossgartens werde zurückgedreht und der Einklang von Schloss, Garten und Stadt als Denkmal der »Heidelberger Romantik« zerstört. Bis zum Jahr 2008 ist noch keine Entscheidung gefallen.

Eine solche Diskussion erlebt Heidelberg nicht zum ersten Mal. Im Friedrichsbau ist zu betrachten, was der Karlsruher Architekturprofessor Carl Schäfer von 1890 bis 1900 als Innenausstattung »im Renaissance-Stil« eingerichtet hat. Als Schäfer dann auch den Gläsernen Saalbau und den Ottheinrichsbau wieder aufbauen soll, hagelt es Proteste aus ganz Deutschland. Der Kunsthistoriker Georg Dehio spricht von »restauratorischem Vandalismus« und kämpft unter dem Motto »Konservieren, nicht restaurieren!« für den Erhalt des historisch Gewachsenen. Dehio setzt sich durch und gibt damit der Denkmalpflege in Deutschland eine neue Richtung. Kaiser Wilhelm II., der Schloss Heidelberg so gern wieder aufbauen wollte, schwört in seinem Ärger, nie wieder einen Fuß in die Stadt zu setzen.

»D eutschlands älteste Stadt rechts des Rheins« darf sich Ladenburg nennen, da es seine Stadterhebung durch den römischen Kaiser Trajan auf das Jahr 98 zurückführen kann. Dabei ruht das römische »Lopodunum« selbst auf den Resten eines keltischen Zentrums aus vorchristlicher Zeit. Die Römerstadt mit Theater, Thermen und der größten Marktbasilika nördlich der Alpen geht in der Völkerwanderung unter. Aber schon im 5. Jahrhundert steht hier eine merowingische Königspfalz als Zentrum des »Lobdengaus«, der Region zwischen Rhein und Bergstraße, Weinheim und Walldorf.

Auch Bischöfe haben's schwer

Frankenkönig Dagobert I. schenkt den Lobdengau 628 den Bischöfen von Worms, die auf den Fundamenten der Lobdenburg ihre Sommerresidenz bauen. Sie wird immer dann zum Hauptsitz, wenn die selbstbewusste Stadt Worms ihren Bischöfen wieder einmal das Leben schwer macht. Die »Wormser Chronik« von Friedrich Zorn, 1857, notiert: »Anno 1385 haben die burger von Worms der pfaffheit viel ihrer privilegien [genommen], so sie ihnen fälschlich angeheimst ... derohalben sich die pfaffen aus Worms ein zeit lang begeben.«

Der Streit spitzt sich im Lauf der Jahre noch zu: »auf pfingsten anno

Zurückgekehrte Kreuzfahrer brachten im 12. Jahrhundert das Vorbild für das Pyramidendach am Turm der bischöflichen Hofkapelle Sankt Sebastian aus Syrien mit.

Auf engstem Raum drängen sich römische und mittelalterliche Reste rund um die einstige Ladenburger Bischofsresidenz. Im Inneren präsentiert das Lobdengau-Museum 2000 Jahre Regionalgeschichte.

1404 haben sich des mehrerteils canonici gen ladenberg begeben ... da nun alle geistliche bis auf die 4 pfarrherren ausgezogen, hielt man kein gesang in keiner kirchen, sondern verkündigte ihre baanbriefe ... [So] hat sie ein rath zuletzt auch heißen ausziehen, allermeist darum, daß ihnen von der burgerschaft kein schmach widerführe.«

Dass sich Worms als freie Reichsstadt immer erfolgreicher gegen die Ansprüche des Klerus durchsetzt,

beschert Ladenburg eine Zeit höchster Blüte. Weithin sichtbares Zeichen dafür ist die Kirche Sankt Gallus, die Bischof Johann II. von Fleckenstein mit einem zweiten Turm zur »Kathedrale« aufwertet. Um 1470 lässt Bischof Reinhard von Sickingen die Ladenburger Residenz zusammen mit der Sebastianskapelle umbauen und prächtig ausmalen.

Sein Nachfolger Johann von Dalberg (1483–1503), Rektor der Universität Heidelberg, macht Ladenburg für kurze Zeit zu einem Zentrum des Humanismus. Zu seinen Gästen zählt Kaiser Maximilian I., und Gelehrte wie Rudolf Agricola und Johannes Reuchlin nutzen die humanistische Bibliothek des Bischofs, deren Bestände selbst die der Heidelberger Universitätsbibliothek übertrafen. Dalberg soll in Ladenburg aber auch mit der Sammlung und Erforschung antiker Funde begonnen haben.

Stürmische Zeiten ...

... brechen für Ladenburg an, als die Kurpfalz 1556 protestantisch wird. Bis dahin hatte das so genannte Kondominat, die gemeinsame Herrschaft von Bischof und Kurfürst, recht gut funktioniert. 1564 aber kommt es zum Eklat: Die lateinische Weihnachtsvesper in der Galluskirche endet in einer Prügelei, als der reformierte Prediger Eckard mit seinen Anhängern deutsche Lieder singend in die Kirche eindringt und Bischof Dietrich II. von Bettendorf ihm den Psalter auf den Kopf schlägt. Im Gegenzug lässt der calvinistische Kurfürst Friedrich III. am Karfreitag 1565 das Gotteshaus plündern und sein Inventar verbrennen.

Die nächsten 100 Jahre prägen nicht Bischöfe, sondern Generäle: 1622 wird Ladenburg erst von Tilly besetzt, dann von Mansfeld belagert und teilweise zerstört, 1645 von Marschall Turenne erobert, 1689 von General Mélac geplündert. Im Spanischen Erbfolgekrieg bezieht der Herzog von Marlborough 1704 Quartier im Bischofshof. In einem Brief an seine Gemahlin bewundert er die herrliche Aussicht: »... a prospect over the finest country that is possible to be seen. I see out of my chamber window the Rhine and the Neckar and his two principal towns of Mannheim and Heidelberg ...«

1705 geht Ladenburg in kurpfälzischen Alleinbesitz über, damit endet dort die über tausendjährige Ära der Wormser Bischöfe. Jahrzehnte später allerdings findet der letzte Weihbischof Stephan Alexander Würdtwein hier Zuflucht: Als die Geistlichen in Worms den Eid auf die französische Verfassung leisten sollen, flieht er bei Nacht und Nebel verkleidet nach Ladenburg, wo er 1796 im Exil stirbt.

Der Bischofshof ist fortan kurpfälzischer, später großherzoglich badischer Amtshof. Als unbedeutender Behördensitz bleibt der Renaissance-Palast von repräsentativen Umbaumaßnahmen im jeweiligen Zeitgeist ebenso verschont wie von Zerstörungen im Weltkrieg.

Eine Zeitreise durch die Jahrtausende ...

... ist der Spaziergang rund um den Bischofshof und durch Ladenburgs liebevoll restaurierte Altstadt mit einladenden Wirtshäusern in prachtvollen Fachwerkhäusern. Von der Neckarstraße führt er entlang der alten Zwingermauer, vorbei an den Resten des römischen Kastells und des mittelalterlichen Pfaffenturms zum Renaissanceschloss der Bischöfe. Eine Augenweide ist dessen nach Originalbefunden restaurierte illusionistische Bemalung auf der »Schauseite« zur Stadt hin.

Vor dem Bischofshof reitet Jupiter einen Giganten nieder. Die römischen Jupitersäulen in Südwestdeutschland sollen auf keltische Einflüsse zurückgehen.

Seit 1968 macht das Lobdengau-Museum zwei Jahrtausende Stadtgeschichte im Innern der Bischofsresidenz und mit einem Freilichtmuseum im Hof erlebbar – mit römischen Funden, einer Mittelalterabteilung über Bischöfe und Adel sowie regionaler Volkskultur. Unter dem Bischofshof und der benachbarten Schule liegen die Gewölbe der karolingischen »Saala«, dem späteren Festsaal der Bischöfe. Ladenburgs Gesangsverein »Liederkranz« hat dort seinen stimmungsvollen Kaiserkeller eingerichtet. Ein Kleinod aus der Karolingerzeit ist die einstige bischöfliche Hofkapelle Sankt Sebastian, die 1474 durch Bischof Reinhard von Sickingen weitgehend umgestaltet wurde. Trotz der Verwüstungen der reformierten Bilderstürmer von 1565 sind ihre Fresken aus mehreren Jahrhunderten erhalten. Der romanische Turm an ihrer Nordseite stammt aus dem 11. Jahrhundert und erhielt im 12. Jahrhundert sein Pyramidendach, das auf syrische Vorbilder zurückgeführt wird.

Überragt wird Ladenburg von den Doppeltürmen der gotischen Sankt-Gallus-Kirche. Die »kleine Kathedrale« der Bischöfe von Worms entstand 1250 bis 1485 auf den Ruinen der römischen Marktbasilika, deren Fundamente im Kirchhof teilweise ausgegraben und zugänglich gemacht sind. Ihre romanische Krypta stammt aus dem Jahr 1000.

Weinheim: *zwei Schlösser in einem*

ahrzeichen Weinheims ist die Burgruine Windeck, gute Stube und Garten der Stadt sind aber das Schloss und sein Park, wo gearbeitet, geheiratet, debattiert, gefeiert und gespeist wird.

Der »Stilmix« des Schlosses von Renaissance bis Klassizismus zeigt, dass es in vielen Etappen entstanden ist. Eigentlich sind es ja zwei Schlösser, die um den uralten »Obertor«-Turm herumgewachsen sind. Ihre Vorläufer gehen auf Weinheims älteste Adelsfa-

milie zurück, die Swende, die der Stadt die rote Weinleiter im Wappen hinterlassen. Seit dem 12. Jahrhundert thronen sie auf Burg Windeck und besitzen auch mehrere Höfe in der Stadt.

Ungeliebte Zweigstelle des kurpfälzischen Hofs

1423 erwirbt Pfalzgraf Ludwig III. den Swendehof nördlich des Obertors. Pfalzgraf Ludwig V. lässt ihn später abreißen und 1537 stattdessen ein Re-

Deutschlands größte Zeder ist dem Weinheimer Schloss längst über den Kopf gewachsen. Von den Hügeln grüßen die Burgruine Windeck und die Wachenburg.

naissanceschloss bauen, das aber nur selten als Wohnung genutzt wird, sondern mehr als Amtskellerei und Zehnthof – und als Quartier für bei Hofe unerwünschte Personen. So wird nach Ludwigs Tod 1544 seine Geliebte Margarethe von Leyen – »die schöne Frau von Köln« – vom Nachfolger Friedrich II. hier eingesperrt. Ihr folgt – auch nicht ganz freiwillig – Kurprinz Ottheinrich: Als 1547 in Heidelberg die Pest ausbricht, muss er auf Drängen Friedrichs II. mit seinem Hofstaat die Stadt verlassen. Eigentlich soll er auf den steilen Dilsberg, aber das ist ihm wegen seiner enormen Leibesfülle zu beschwerlich. Also wird das Weinheimer Schloss für ihn hergerichtet. Für die Stadt beginnen turbulente Jahre. Im Karmeliterkloster experimentiert der Kurprinz angeblich mit Alchemie und Goldmacherei. Aber Ottheinrich begründet auch Weinheims Gartentradition und erstaunt die Bürger mit allerlei geheimnisvollen Früchten wie Oliven, Granatäpfeln, Zitronen, Feigen und Mandeln in seinen neuen Gewächshäusern.

Kurpfälzische Residenz? Zu viel der Ehre!

Im Dreißigjährigen Krieg wird Weinheim von Spaniern, Schweden und Bayern eingenommen und im Pfälzischen Erbfolgekrieg von französischen Truppen verwüstet, aber das Schloss bleibt weitgehend unbeschädigt. So weicht die kurpfälzische Verwaltung samt Münze, Druckerei und Universität aus dem zerstörten Heidelberg nach Weinheim aus.

1698 will Kurfürst Johann Wilhelm seine Residenz von Düsseldorf in sein kurpfälzisches Kernland verlegen und zieht mit seiner Frau Anna Maria Luisa Medici ins Weinheimer Schloss. Er will es zu einem monumentalen Palast ausbauen und lässt den Würzburger Baumeister Antonio Petrini bereits Pläne dafür zeichnen. Aber die Hofhaltung führt in der kleinen Stadt rasch zu Lebensmittelknappheit und Teuerung, vor allem müssen die reformierten Gotteshäuser auf Befehl des Kurfürsten den Katholiken überlassen werden. So sind die Weinheimer von der Ehre, Residenz zu werden, wenig angetan und machen dies auch deutlich. Johann Wilhelm kehrt daraufhin bald aus der »undankbaren Stadt« nach Düsseldorf zurück.

Die Damen im Swendehof: Reformatorin, Landesmutter und »femme fatale«

Während sich nördlich des Obertors die Kurfürsten niederlassen, geht der südliche Swendehof 1515 durch Erbschaft an die Familie Ulner von Dieburg. Sie lässt ihn 1725 abreißen und an seiner Stelle ein Barockschloss bauen, das ihr Nachkomme Graf Lehrbach 1780 frühklassizistisch modernisiert. In drei Jahrhunderten gehen hier drei Frauen in die Geschichte ein, wie sie gegensätzlicher nicht sein könnten: Herzogin Catherine von Suffolk ist im 16. Jahrhundert eine der ersten Damen am Hof Heinrichs VIII. und eine engagierte Verfechterin der Reformation. Unter Mary Tudors Herrschaft muss sie aus England fliehen. Ihr Weg

Der mittelalterliche Torturm (Bildmitte) verbindet das kurfürstliche Renaissanceschloss mit dem Barockschloss rechts. Der Sandsteinturm (links) stammt aus dem 19. Jahrhundert. Der Turm der Laurentiuskirche wurde 1850 von Heinrich Hübsch erbaut.

führt sie über Wesel nach Weinheim, wo sie 1557 bei einem Nachkommen der Swendefamilie – »my dear friend Christof Landschade von Steinach« – Asyl findet. Ein Bote der Königin, der die Familie zur Rückkehr nach England auffordert, bezieht hier kräftige Prügel.

Im August 1794 stirbt im Weinheimer Schloss die letzte Kurfürstin in

*Der Weg zum »Ja-Wort«
führt in Weinheim zunächst durch
den Turmbau des Schlosses.*

mit einer Schusswaffe im Schlafgemach der Kurfürstin festgenommen. Die bis heute nicht ganz aufgeklärte Affäre hatte seinerzeit selbst den skandalgewohnten Mannheimer Hof erschüttert.

40 Jahre später zieht in Weinheim die schöne Schlossherrin ein, deren Portrait noch heute täglich Tausende bewundern – aber nicht in Weinheim, sondern neben Lola Montez in der weltberühmten Schönheitengalerie von Bayernkönig Ludwig I. im Schloss Nymphenburg. Die Zeit der Lady Jane Ellenborough in Weinheim ist zwar kurz, aber spektakulär. Ihr Ruf eilt ihr voraus in die Kleinstadt an der Bergstraße: Nach der skandalösen Scheidung von Lord Ellenborough folgt sie einem Liebhaber quer durch Europa, knüpft enge Bande zum Bayernkönig und gibt 1833 aus Vernunftgründen dem Werben des jungen Weinheimer Schlossherrn Karl Theodor von Venningen-Ulner nach, der sie gegen den erbitterten Widerstand seiner Mutter heiratet. Die skandalumwitterte Lady, deretwegen Honoré de Balzac eigens anreist, um sie in einem Roman zu verewigen, findet auch in Weinheim keine Ruhe: Frisch vermählt, verliebt sich Lady Jane in den griechischen Grafen Theotoky. Das Techtelmechtel mit dem Grafen, der im Weinheimer Stahlbad kurt, und die nächtlichen Ausritte der Lady zu ihrem Geliebten bleiben dem Ehemann natürlich nicht verborgen. Als das Liebespaar durchbrennt, stellt der Gatte die beiden auf der Landstraße, es kommt zum Duell, das Graf Theotoky nur schwer verletzt über-

der Pfalz, »Landesmutter« Elisabeth Augusta. Sie ist ihrem Gemahl Carl Theodor nicht an den Münchener Hof gefolgt und sichert sich durch ihre Mildtätigkeit und Güte als »unsere Issel« einen Platz im Herzen ihrer Untertanen. Im Karmeliterkloster, nur wenige Schritte von ihr entfernt, sitzt Freiherr von Eberstein seine lebenslange Haft ab: 30 Jahre zuvor wurde er

lebt. Nach der Scheidung folgt Lady Jane ihrem Grafen nach Athen und stirbt später in Damaskus als Gemahlin eines syrischen Scheichs.

Das Berckheim'sche Schloss und sein Park

Die nächste Schlossherrin dagegen lebt hier 40 Jahre als Mittelpunkt der Weinheimer Gesellschaft: 1837 erwirbt die verwitwete Gräfin Auguste Waldner von Freundstein den Venning'schen Besitz. Ihr Sohn Christian Friedrich Gustav Freiherr von Berckheim kauft später das ehemals Kurpfälzische Schloss dazu. Die Familie gibt dem Schloss in den folgenden Jahrzehnten sein heutiges Gesicht mit dem klassizistischen Dreiecksgiebel, dem neugotischen roten Sandsteinturm und dem Neubau zwischen dem Turm und dem alten kurfürstlichen Schloss.

1938 richtet die Stadt Weinheim hier ihr Rathaus ein. Im einstigen Kamin- und Jagdzimmer wird stilvoll geheiratet, im herrschaftlichen Sitzungssaal tagt der Gemeinderat. Inventar aus Biedermeier- und Historismuszimmer ist im Museum der Stadt zu sehen.

2006 wurde das Schloss sorgfältig restauriert. So sind in dem neu eingerichteten Restaurant im Parterre die Stuckarbeiten und der jahrelang verdeckte alte Eichenparkettboden wieder zu bewundern.

Prächtigstes Erbe der Familie von Berckheim aber sind Schlosspark und Exotenwald. Der Park mit Deutschlands größter Zeder und dem prachtvollen Gingko-Baum ist aus den Barockgärten des 18. Jahrhunderts entstanden und wurde vermutlich vom Kurfürstlichen Gartendirektor Friedrich Ludwig von Sckell im englischen Stil umgestaltet. Im heutigen Exotenwald lässt von Berckheim allein in den 1880er-Jahren über 12 000 Bäume aus spezialisierten Baumschulen in ganz Europa pflanzen. Die eindrucksvollsten unter seinen 170 Arten sind wohl die Mammutbäume. 1955 kauft das Land Baden-Württemberg den Exotenwald und vergrößert ihn auf fast 60 Hektar. In diesem Park ist Spielen im Sommer ebenso erlaubt wie Schlittenfahren im Winter und zum Weinheimer Kultursommer wird in seinem Teich sogar eine Theaterbühne aufgebaut.

Im Wappen der Familie von Berckheim thront die freundliche Ente, die die Vorfahren der Familie einst vor einem feindlichen Überfall gewarnt haben soll.

Mit 450 Meter Fassadenlänge ist das Mannheimer Schloss das größte in Deutschland und übertrifft sogar sein Vorbild Versailles um eine Fensterflucht. Von 1720 bis 1760 lassen die Pfälzer Kurfürsten Carl Philipp und Carl Theodor die gewaltige spätbarocke Anlage errichten, im Zweiten Weltkrieg wird sie so stark zerstört, dass man sie nach Kriegsende beinahe zugunsten einer neuen Straße abgerissen hätte. Der zögerliche Wiederaufbau orientiert sich nur bei der Fassade am historischen Vorbild, verändert aber das Innere für die Nutzung als Behördensitz und Universität vollständig. Nur wenige der historischen Räume werden originalgetreu wieder hergestellt, darunter das monumentale Treppenhaus und der Rittersaal, wo Cosmas Damian Asams Deckenfresken anhand erhaltener Dokumentationen neu entstehen. Lange Zeit ist die vom Bombenhagel verschont gebliebene Kabinettsbibliothek der Kurfürstin Elisabeth Augusta der einzige der über 500 Räume im Schloss, der in etwa noch im Original zu betrachten ist – ein zerbrechliches, mit farbig gefasstem Holz getäfeltes Kleinod des Rokoko.

Seinen heutigen Glanz erhält das Schloss erst im 21. Jahrhundert: Für 40 Millionen Euro wird unter den rekonstruierten Mansardendächern Platz für die Universität geschaffen, die so frei gewordenen Prunkräume der Beletage werden auf die historischen Zimmerfluchten zurückgebaut. Aufnahmen

»Stillgestanden«: Stramm richten sich die Mannheimer »Quadrate« auf das monumentale Schloss aus.

aus dem 19. Jahrhundert und Gipsabdrücke der wertvollen Stuckdecken, die kurz vor der Zerstörung angefertigt wurden, erlauben die Wiederherstellung zahlreicher Räume, die seit April 2007 mit rund 800 Originalobjekten höfische Atmosphäre aus Zeiten des Barock und Empire ausstrahlen.

Herzstück der wieder eröffneten Beletage ist der zweigeschossige Ritter-, Ahnen- oder Marmorsaal, benannt nach den Versammlungen des pfälzischen Hubertusordens, nach der Ahnengalerie an seinen Wänden und dem Marmor, der die prächtige Ausstattung prägt.

Im »Kaiserlichen Quartier« links davon hat Bayern-Kurfürst Karl Albrecht 1742 auf die Wahl zum Deutschen Kaiser gewartet. Hier sind der – etwas verschlissene – badische Thron mit dem krönenden Baldachin zu bewundern, das großherzogliche Silberservice sowie kostbare Serien französischer und flämischer Tapisserien aus dem 18. Jahrhundert. Die im Empire- und Biedermeierstil ausgestatteten Salons rechts des Rittersaals

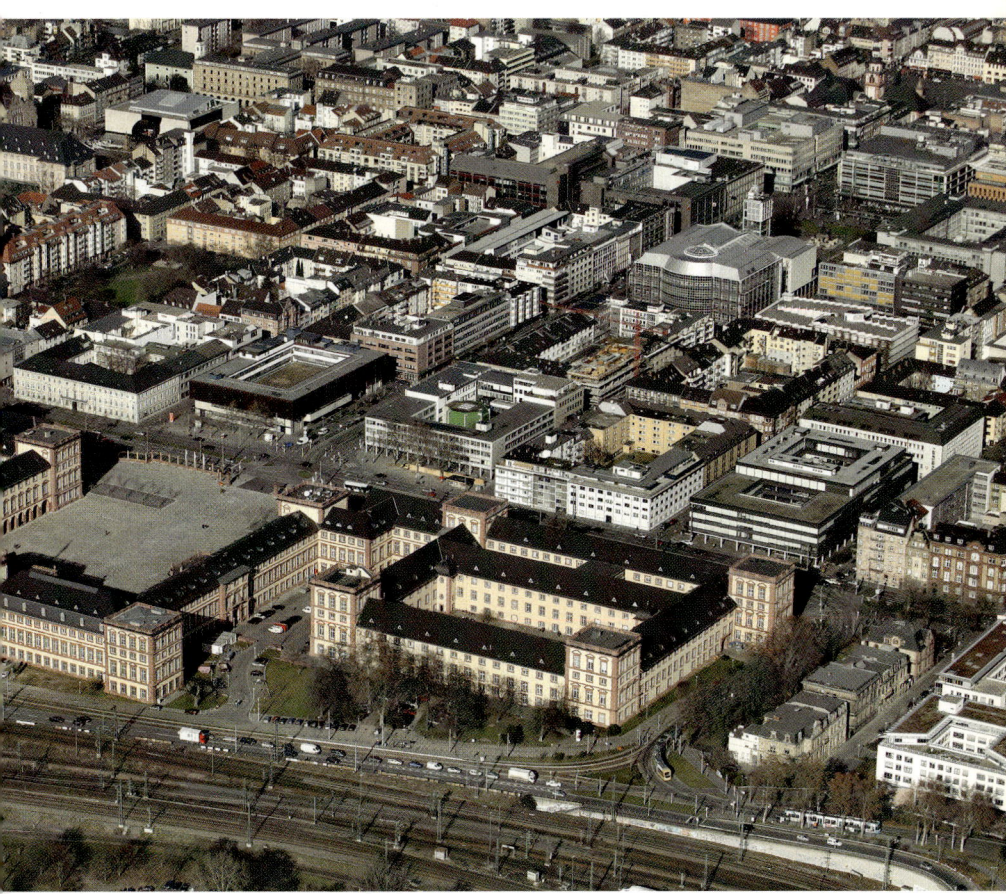

Die Jesuitenkirche, einstige Hofkirche der Pfälzer Kurfürsten, ist immer einen Besuch wert: Ihr barockes Innenleben wurde nach der Zerstörung im Zweiten Weltkrieg sorgfältig rekonstruiert und restauriert.

führen in die Welt von Großherzogin-witwe Stéphanie von Baden, die hier bis 1860 gelebt hat.

Im Schlossmuseum zeigt die Dauerausstellung »Kunst und Kultur am Mannheimer Hof« zudem ausgewählte Stücke aus den historischen Sammlungen des Kurfürsten Carl Theodor wie dem Naturalienkabinett, der Gemäldegalerie oder seiner Hofbibliothek, die mit nahezu 100 000 Büchern eine der größten ihrer Zeit war.

Noch vor wenigen Jahren wäre diese Präsentation kurpfälzisch-badischer Geschichte im Mannheimer Schloss Utopie gewesen. Sein reiches Inventar

ist zerstört oder in alle Welt zerstreut: Was Kurfürst Carl Theodor 1778 beim Umzug nach München nicht mitnimmt, landet nach 1803 in der Karlsruher Residenz oder Anfang des 20. Jahrhunderts im Neuen Schloss Baden-Baden. Zum Glück für die Restauratoren dokumentieren Mannheims Schlossinventare der Jahre 1731 bis 1888 für jedes Zimmer, in welcher Umgebung die jeweiligen Herrschaften gelebt haben. Viele der verzeichneten Objekte sind erhalten. Wo nicht, versuchen sich die Restauratoren durch Abstraktionen der ursprünglichen Optik anzunähern – mit Mobiliar aus dem zeitlichen und räumlichen Umfeld, insbesondere Stücken des 18. und 19. Jahrhunderts aus kurpfälzischen und badischen Werkstätten, aber auch mit Neuanfertigungen nach historischen Vorbildern. So baut ein österreichischer Spezialist sechs 200 Kilo schwere Kristall-Lüster nach einem kleineren Originalexemplar aus dem Schwetzinger Schloss.

Ein Glücksfall für Mannheim ist 1995 die Auktion der markgräflichen Sammlungen in Baden-Baden. Viele Einrichtungsgegenstände aus der Mannheimer Zeit der Großherzogin Stéphanie sind im Familienbesitz geblieben und die Staatliche Schlösser- und Gärten-Verwaltung erwirbt dort Prunkmöbel, Porzellan, Uhren und Gemälde, die einst zum Mannheimer Inventar gehörten. Am meisten freuen sich Historiker über die Wiederentdeckung der kostbaren Tapisserien aus dem »Kaiserzimmer« der Residenz, die jahrzehntelang als verschollen galten.

Der steinige Weg zur Residenz

An der Mündung des Neckars in den Rhein lässt der in Heidelberg regierende Kurfürst Friedrich IV. 1606 die Friedrichsburg errichten. Sie wird zwar im Dreißigjährigen Krieg zerstört, erhalten bleibt aber der charakteristische Grundriss des Ortes: die »Quadrate«. Das nächste Mannheimer Schloss, das Friedrichs Enkel Kurfürst Carl Ludwig ab 1660 anstelle der Burg bauen lässt, fällt 1689 dem Pfälzischen Erbfolgekrieg zum Opfer. Kurfürst Johann Wilhelm lässt 1698 Stadt und Festung wieder errichten.

Der Stolz des Kurfürsten: ein Fenster mehr als Versailles!

Von Schloss und gar Residenz Mannheim ist erst die Rede, als sein Bruder Carl Philipp 1716 die Kurfürstenwürde erbt und seinen Sitz von Düsseldorf nach Heidelberg verlegt. Dort scheitert der einstige Domprobst von Köln, Mainz und Salzburg am Widerstand der protestantischen Bürgerschaft, als er deren Heiliggeistkirche zur katholischen Hofkirche umwidmen will. Zornig kehrt er Heidelberg den Rücken und erhebt 1720 Mannheim zur neuen Residenz.

Obwohl der Kurfürst 1721 eine Schlossbausteuer von 75 000 Gulden jährlich festsetzt und unnachsichtig eintreiben lässt, geht seinem dortigen

Bauprojekt dann mehrfach das Geld aus. Der ursprüngliche, immer wieder überarbeitete Entwurf stammt vermutlich vom Hofarchitekten des Landgrafen von Hessen-Darmstadt, Louis Remy de la Fosse. Baumeister ist Johann Kaspar Herwarthel aus Mainz und nach dessen frühem Tod Johann Clemens Froimon, der den zentralen Hauptbau, den Ehrenhofflügel sowie das Prunktreppenhaus errichtet, bis er 1726 entlassen wird. Danach ist Guillaume d'Hauberat für die Innengestaltung von Treppenhaus, Rittersaal und

Schlosskirche zuständig. Für die reiche Stuckdekoration wird Hofbildhauer Paul Egell engagiert, für die Deckenmalereien der berühmte Münchner Barockkünstler Cosmas Damian Asam, und der Bologneser Theaterarchitekt Alessandro Galli da Bibiena baut 1737 und 1742 den westlichen Querflügel mit Ballhaus und Hofoper, die mit Platz für 2000 Zuschauer als eines der modernsten Theater ihrer Zeit gilt. 1731 bezieht der Kurfürst seine Prunkgemächer, vollendet wird das Schloss aber erst nach seinem Tod.

Das 130-teilige großherzogliche Silberservice, ein Werk des Hoflieferanten Kaiser Napoleons, ist in den Prunkräumen der »Beletage« auf einer sechs Meter langen Empiretafel angerichtet.

Sein Neffe und Nachfolger Kurfürst Carl Theodor beauftragt 1751 den späteren Schöpfer des Schwetzinger Schlossgartens Nicolas de Pigage mit dem Bau des Ostflügels, der die wertvollen Sammlungen des künstlerisch und wissenschaftlich interessierten Landesherren aufnehmen soll. 1755 entwirft Pigage auch das Bibliothekskabinett der Kurfürstin.

Unter Carl Theodor wird Mannheim zur Kulturmetropole: Tausende von Besuchern reisen in den Wintermonaten zu Opernaufführungen und Konzerten an, darunter Goethe, Wieland, Lessing, Klopstock. Schiller dichtet hier, Mozart komponiert, und das 60- bis 80-köpfige Hoforchester schreibt mit der »Mannheimer Schule« Musikgeschichte.

Am Giebel der Schlosskirche: die Heilige Dreifaltigkeit von Hofbildhauer Paul Egell

Schattendasein

Nicht einmal 60 Jahre lang ist Mannheim Residenz der Kurpfalz. 1778 endet die Herrlichkeit abrupt: Carl Theodor siedelt mit seinem Hofstaat nach München über, um die bayerische Erbfolge anzutreten. In den Revolutionskriegen wird Mannheim von Franzosen besetzt und 1795 von Österreichern beschossen – Ballhaus, Hofoper und Gerichtsgebäude werden schwer beschädigt.

1803 fällt die Kurpfalz und mit ihr das Mannheimer Schloss an Baden, dessen Regierung ein noch vom Kurfürsten geplantes Vorhaben verwirklicht. Auf dem Gelände der geschleiften Festung entsteht eine englische Gartenanlage durch Friedrich Ludwig von Sckell, der auch die Englischen Gärten in Schwetzingen und München geplant hat.

1806 bis 1811 residiert der badische Erbprinz Karl mit seiner 16-jährigen Gemahlin Stéphanie de Beauharnais, der Adoptivtochter Napoleons, in Mannheim. Möbel müssen sie aus Karlsruhe mitbringen, weil Carl Theodor den Großteil des kostbaren Inventars nach München mitgenommen hat. Da der Erbprinz überwiegend seinem alten Junggesellendasein frönt, bleibt Stéphanie meist allein. Auch als Großherzogin wird sie in der Karlsruher Residenz nie heimisch. Nach Karls Tod 1818 kehrt sie nach Mannheim zurück, wo sie neben ihrem sozialen Engagement einen exquisiten kulturellen Zirkel um sich versammelt.

Nach ihrem Tod 1860 wird das Schloss teilweise für Schulen, Behörden und Dienstwohnungen genutzt. 1919 wird es Eigentum des Freistaates Baden und die Stadt präsentiert dort ab 1926 ihre Sammlungen.

Schwetzingen: das »Versailles der Pfalz«

Die UNESCO entscheidet 2009 über die Aufnahme der einstigen Sommerresidenz der Pfälzer Kurfürsten in die Liste des Weltkulturerbes. Das »einzigartige Gesamtkunstwerk aus Stadt, Schloss und Garten« ist so erhalten, wie es im 18. Jahrhundert entstanden ist – ein einzigartiges Zusammenspiel der strengen Geometrie des Barockgartens mit der inszenierten »Natürlichkeit« des englischen Landschaftsgartens. Der Besucher sollte auf

Antike Mythologie im Mittelpunkt des Barockgartens: Musikalische Delphine retten den Sänger Arion.

jeden Fall viel Muße und bequemes Schuhwerk mitbringen, selbst wenn er Ausstrahlung und Faszination des 72 Hektar großen Areals nur staunend genießen will – 280 Bauwerke und Skulpturen sind ohnehin mehr, als bei einem Rundgang zu bewältigen ist. Spannend kann aber auch die Suche nach Spuren freimaurerischen Gedankenguts sein, das Schwetzingens UNESCO-Antrag mit dem Untertitel »Gartenkunstwerk und freimaurerische Ideen« prägt.

Der kreisrunde Barockgarten mit dem Arion-Brunnen als Mittelpunkt wird nach Osten vom Schloss und den einstöckigen Zirkelgebäuden, im Westen von Laubengängen umrahmt. Seiner zentralen Achse folgt der Blick über den großen Weiher bis zur Kalmit, dem höchsten Berg des Pfälzer Walds – in Gegenrichtung zielt die Sichtachse exakt auf den Heidelberger Königstuhl.

Die aufregendsten Teile des Gartens aber liegen außerhalb des Barockzirkels. Durch prachtvolle Lindenarkaden gelangt man vorbei an der Orangerie zum »Naturtheater« mit dem Apollotempel, wo Kurfürst Carl Theodor in die Saiten seiner steinernen Leier greift. Hier kann man spekulieren, ob die darunterliegende Grotte freimaurerischen Geheimtreffen oder galanten Abenteuern diente. Daneben verbirgt sich ein weiteres Kleinod: das kurfürstliche Bad-

Die Vogelperspektive entlarvt den Ausreißer: Das alte Schloss stört die strenge Symmetrie des einzigartigen Barockensembles.

2009 fällt die Entscheidung: Das »Gesamtkunstwerk aus Stadt, Schloss und Garten«
aus dem 18. Jahrhundert als UNESCO-Weltkulturerbe?

haus, eines der letzten Beispiele barocker Badekultur mit kostbar ausgestatteten Innenräumen. Dahinter gerät man ins Reich der Magie, in einen langen Laubengang, an dessen Ende sich die Vision einer paradiesischen Landschaft auftut: »Das Ende der Welt«, gemalt auf eine von oben beleuchtete Wand. Davor ist die Härte der realen Natur inszeniert: In einem Becken attackiert ein Uhu einen kleinen Vogel – unter dem Protest Wasser speiender Artgenossen.

Von hier führt der Weg in eine völlig andere Welt und eine andere Epoche des Gartenbaus, den englischen Landschaftsgarten mit geplant »wilder« Natur, verschlungenen Wegen, Wasserläufen und künstlichen Seen, von einem ausgeklügelten System wasserkraftgetriebener Pumpwerke gespeist.

Im äußersten Winkel des Gartens verbergen sich der Tempel der Botanik und das »Römische Wasserkastell« mit seinem Aquädukt, das wie auch andere »antike« Gebäude des Gartens als Ruine gestaltet ist.

Durch eine englische Tallandschaft und über die Chinesische Brücke spazieren wir zum Großen Weiher, vorbei an den Flussgöttern Rhein und Donau auf die kleine Anhöhe mit dem Merkurtempel. Auch er ist über geheimnisvollen Gewölben liebevoll als »Ruine« gebaut, was heutige Restauratoren vor manche Probleme stellt. Von seiner Aussichtsplattform aus spiegelt sich in einem kleinen See der Höhepunkt des Gartens: die monumentale »Türkische Moschee« mit ihren malerischen Minaretten, Kuppeln und dem einladenden Wandelgang – die einzige ihrer Art, die in Europa erhalten ist. Nach Auffassung von Fachleuten ist sie weder Kulisse für höfische Kostümfeste »à la Turque« noch Gebetsstätte einer orientalischen Geliebten des Kurfürsten, wie es die Legende will, sondern »gebaute Vision des himmlischen Jerusalems« in der Gedankenwelt der Freimaurer. Ein Symbol dafür sei der fünfeckige »flammende Stern«, der uns hier überall begegnet. Ähnlich mag der Minervatempel der Göttin der Weisheit zu verstehen sein, in dessen Untergeschoss sich ein Versammlungsraum mit Steinbänken und einer zentralen Nische verbirgt.

Ein Paradies – auf Sand gebaut

600 Jahre alte Eichenbohlen wurden vor einigen Jahrzehnten bei Grabungen am Schwetzinger Schloss entdeckt: Der bis zu 50 Zentimeter mächtige Balkenrost in etwa drei Metern Tiefe im sumpfigen Untergrund trägt schon im 14. Jahrhundert die Wasserburg der adeligen Familie von Erlickheim, die die Pfalzgrafen zur Jagd nutzen. Auf diesem gewaltigen Fundament ruhen auch die Nachfolgebauten der Burg, die im Dreißigjährigen Krieg zerstört wird. Kurfürst Carl Ludwig lässt darauf 1656 ein Schloss für seine Geliebte Luise von Degenfeld errichten, das 1689 dem

Seit 1952 ist das 1752 bis 1764 errichtete kurfürstliche Hoftheater Heimstätte der Schwetzinger Schlossfestspiele.

Gartenmonument »à la Turque«: Schwetzingens Moschee als Ausdruck barocker »Türkenmode« oder freimaurerisches Geheimsymbol?

Pfälzischen Erbfolgekrieg zum Opfer fällt. Kurfürst Johann Wilhelm lässt es von 1698 bis 1717 wieder aufbauen und mit zwei Ehrenhofflügeln zur Stadt hin wesentlich vergrößern. Das Hauptgebäude auf dem alten Grundriss stört allerdings die streng symmetrische Anordnung, und so »versteckt« es der Heidelberger Baumeister Johann Adam Breunig hinter dem neuen Westflügel auf der Gartenseite. Als solcher zu erkennen ist der »Ausreißer« aber nur auf modernen Luftbildern.

Schwetzingens goldenes Zeitalter beginnt 1742 mit dem Amtsantritt von Kurfürst Carl Theodor, der es mit Hofstaat und Hoforchester bis 1778 regelmäßig als Sommerresidenz bewohnt und ihm sein heutiges Gesicht gibt. So entstehen ab 1748 die einstöckigen Zirkelgebäude nach Plänen des italienischen Architekten Alessandro Galli da Bibiena, die nach dessen Tod sein Schüler Francesco Rabaliatti vollendet. Sie erarbeiten auch Pläne für die Neugestaltung des unter Kurfürst

Carl Philipp angelegten Lustgartens, unterliegen aber in einem zähen Konkurrenzkampf dem aus Lunéville stammenden Architekten Nicolas de Pigage, der 1761 zum Gartenbaudirektor aufsteigt und zum engen Vertrauten des Kurfürsten wird. Der Lothringer errichtet 1752 bis 1764 das mondäne Hoftheater, den »Küchenbau« als eigenen Seitenflügel, die Orangerie sowie Apollotempel und Naturtheater. In bewusster Distanz zum Hauptgebäude baut er 1768 ein kleines Lustschlösschen, das »Badhaus«, als Rückzugsort für den Kurfürsten – komplett mit Küche, Empfangsräumen, Arbeits-, Schlaf- und Badezimmer. Für die üppige Ausstattung des Gartens mit Statuen und Skulpturen wird der flämische Hofbildhauer des Kurfürsten Peter Anton Verschaffelt verpflichtet.

Entscheidenden Einfluss auf die weitere Entwicklung hat eine Reise de Pigages 1776 nach England. Dort trifft er unter anderem Friedrich Ludwig von Sckell, der im Auftrag Carl Theodors mehrere Jahre die englischen Gärten studiert. Schon 1777 legen Pigage und Sckell in Schwetzingen Süddeutschlands ersten Landschaftsgarten an, das Arborium Theodoricum, im Volksmund »Wiesentälchen« genannt. Auch nachdem der Kurfürst 1778 nach München übersiedelt und zahlreiche Künstler mitnimmt, vollenden de Pigage und von Sckell die Gartenanlage in Schwetzingen mit der grandiosen Moschee und dem Merkurtempel. 1795, ein Jahr vor de Pigages Tod, ist das Kunstwerk fast vollendet. Letzte Veränderungen erfolgen unter badischer Herrschaft durch Gartendirektor Johann Michael Zeyher, der 1804 einen dendrologischen Lehrgarten anlegt und 1824 ein rechteckiges Wasserbecken durch einen natürlichen Weiher ersetzt.

»Die schönen Tage in Aranjuez«

Als Friedrich Schiller 1783 in Mannheim »Don Carlos« schreibt, soll ihm Schwetzingen als Vorbild für die Sommerresidenz der spanischen Könige gedient haben. Der Don Carlos des pfälzischen Aranjuez ist Kurfürst Carl Theodor, dessen facettenreiche Persönlichkeit das Gesamtkunstwerk Schwetzingen widerspiegelt. Der in Belgien geborene Carl Theodor wird ab 1734 in Mannheim von Jesuiten erzogen. Besonderen Einfluss übt dabei sein langjähriger Vertrauter François de Fegely aus – »Pater Seedorf« – Jesuit und Freimaurer in einer Person. Mit 18 Jahren wird Carl Theodor Kurfürst und damit der mächtigste Mann im Reich nach dem Kaiser, hochintelligent, musisch begabt und gebildet, ein Förderer von Wissenschaft und Kunst, der selbst mehrere Musikinstrumente spielt. Wenn er im Sommer mit seinem Hofstaat nach Schwetzingen zieht, ist das Hoftheater ebenso dabei wie das Orchester. In Schwetzingen entsteht 1776 mit Ignaz Holzbauers »Günther von Schwarzburg« die erste deutschsprachige Oper, hier ist Casanova ebenso zu Gast wie Leopold Mozart mit seinen Kindern Wolfgang und Nannerl, hier verfasst Voltaire, dessen Tragödie »Olimpie« 1762 im Schlosstheater uraufgeführt wird, auch den größten Teil seines berühmtesten

Werkes »Candide«. Kurz vor seinem Tod schreibt er: »Ich will, bevor ich sterbe, noch einer Pflicht genügen und einen Trost genießen: ich will Schwetzingen wiedersehen, dieser Gedanke beherrscht meine ganze Seele.«

Skandal im Gartenparadies

Die Ehe des Kurfürsten Carl Theodor mit seiner drei Jahre älteren Kusine Elisabeth Auguste würde man heutzutage eine »offene Beziehung« nennen. Aus Staatsräson schon als Kinder verlobt, hat das kurfürstliche Paar wenig gemein und als der ersehnte Stammhalter 1762 kurz nach der Geburt stirbt, ist die Ehe endgültig gescheitert. Ebenso wie ihr Gemahl hat die lebenslustige Kurfürstin ihre Favoriten, denen ihre Protektion zu einträglichen Ämtern verhilft. Kein Problem, solange die höfische Etikette gewahrt bleibt, aber wehe, es kommt zum Skandal: 1763 sorgt Freiherr von Eberstein, angeblich mit einer Pistole bewaffnet, für Aufruhr in Elisabeth Augustes Schwetzinger Schlafgemach und büßt dafür mit lebenslanger Haft.

»Zur linken Hand«

Die schönen Tage im pfälzischen Aranjuez mit prallem Hofleben und rauschenden Festen sind zu Ende, als der Kurfürst Bayern erbt und seine Residenz 1778 nach München verlegt. Im Schloss wird es still, bis die rechtsrheinische Kurpfalz 1803 an Baden fällt und eine neue Bewohnerin einzieht: Luise Karoline Geyer von Geyersberg, Reichsgräfin von Hochberg, einstige Hofdame, seit 1787 zweite Gemahlin des Markgrafen Karl Friedrich. Als Tochter eines Durlacher Oberstleutnants gilt sie als »nicht ebenbürtig«, die Liebesheirat, aus der sieben Kinder hervorgehen, als »Ehe zur linken Hand«, wie es abfällig heißt. Aus der feindseligen Karlsruher Residenz zieht sie 1804 ins Schwetzinger Schloss und richtet sich im zweiten Obergeschoss großzügige Appartements ein. Sie sind heute ein Höhepunkt der Schlossführung mit den seinerzeit hochmodernen Handdrucktapeten der Firma Zuber aus Rixheim und ihren malerischen »Schweizer« Alpenpanoramen.

Seit 1919 dient das Schwetzinger Schloss als Museum. Bei der umfassenden Restaurierung von 1975 bis 1991 werden anhand von Inventarlisten auch Tapeten und Möbel ausgehend vom Jahr seiner Blütezeit 1775 rekonstruiert. So bieten sich den Besuchern neben den Prunkräumen auch Einblicke in den Alltag des kurfürstlichen Hofes: Das »Tischbett« im Dienerzimmer zeigt die drangvolle Enge, die im Schloss geherrscht haben muss, wenn der Mannheimer Hofstaat mit 1500 Personen hier untergebracht war. Der Tisch am Tage wird nachts zum Bett – für gleich zwei Diener. Eine Kuriosität ist auch die »Pudercammer«, in der Elisabeth Auguste in einen Leinenmantel gehüllt, das Gesicht mit einer Seidenmaske geschützt, den gegen die Decke geblasenen Puder geduldig auf ihre Perücke niederrieseln ließ.

Sehenswert ist auch das erst 2003 erneut renovierte Rokoko-Hoftheater.

Prosaische Sauberkeit war wohl Nebensache im prunkvollen Badhaus des Kurfürsten, einem komplett ausgestatteten Miniaturschloss mitten im Park.

Mit den »Schwetzinger Festspiele« des Südwestrundfunks lebt dort und in den Zirkelsälen seit 1952 die Tradition der Sommerresidenz als Musenhof wieder auf: Das weltweit größte Radio-Festival für Klassische Musik pflegt nicht nur barockes Repertoire, sondern führt wie zu Kurfürsten-Zeiten regelmäßig auch zeitgenössische Musik junger Talente auf.

Bruchsal: *der Kardinal mit dem »Bauwurmb«*

M it Sinn für Ironie oder auch Realismus bekennt sich Hugo Damian von Schönborn, von 1719 bis 1743 Fürstbischof von Speyer, selbst als vom »bauwurmb« befallen. Seine Leidenschaft hat aber auch einen sehr realen Zweck: Den Wiederaufbau seines im Dreißigjährigen Krieg und dem Pfälzer Erbfolgekrieg grausam verwüsteten Bistums. So lässt er nicht nur die Peterskirche in Bruchsal, die Michaelskapelle bei Untergrombach, Schloss Obergrombach und das Wasserschloss Kislau wieder errichten, sondern auch Hunderte von Landwirtschafts-, Verwaltungs- und Betriebsgebäuden, Brauereien und die Bruchsaler Saline, und er beginnt mit dem Aufbau eines Straßennetzes.

Am Ende seiner Amtszeit stellt Schönborn mit Genugtuung fest, er habe das Land wieder aufgebaut, ohne den Einwohnern dafür »ein Kreuzer Kosten aufgelegt oder die gewöhnlichen Landfronen dazu gebraucht zu haben«. Als er 1743 an den Folgen einer Malaria-Erkrankung stirbt, die er sich in Rom zugezogen hat, hinterlässt er ein modern verwaltetes Bistum mit wohlgefüllter Staatskasse und mit dem

Bruchsaler Schloss die einzige geistliche Barockresidenz am Oberrhein.

Dass die Fürstbischöfliche Residenz nicht in der Domstadt Speyer entsteht,

Rotweiße Ziegelsteinmalerei, wie sie Kardinal Schönborn in Holland gesehen haben mag, schmückt das Torhaus vor dem Schloss. Sie wurde erst bei Renovierungsarbeiten 1973 an einem Mauerrest wiederentdeckt.

liegt zum Teil an Querelen mit der freien und obendrein protestantischen Reichsstadt, aus der sich die Bischöfe schon im 14. Jahrhundert ins badische Udenheim, das heutige Philippsburg, zurückgezogen haben. Speyer hätte aber ohnehin in Domnähe keinen Platz gehabt für ein Barockschloss mit Garten nach Versailler Vorbild, das Schönborn vorschwebt.

Denn nichts Geringeres als Versailles muss es sein, schon mit Blick auf die Bauprojekte der Nachbarn am Oberrhein: der badischen Markgrafen in Karlsruhe und Rastatt und des Pfälzer Kurfürsten Carl Philipp in Mannheim. Maßstäbe setzen aber auch Schönborns ebenfalls vom »bauwurmb« befallene Brüder Johann Philipp Franz und Friedrich

Carl, die mit ihrer Fürstbischöflichen Residenz in Würzburg ein »Weltkulturerbe« erschaffen.

Der Treppenwitz des Kardinals

»Ich baue in ein Land, wo täglich und stündlich kriech herrscht«, sagt sich Kardinal Schönborn und lässt Maximilian von Welsch eine außergewöhnliche Anlage mit über 50 Einzelgebäuden entwerfen, die durch ein Feuer nicht komplett zerstört werden kann. 1725 übernimmt Anselm Franz Freiherr Ritter zu Grünstein die weitere Planung und konzipiert das Hauptgebäude gemäß den französischen Architekturregeln: Zwischen den dreistöckigen Seitentrakten soll im Mittelteil eine Prunktreppe von der Intrada direkt in die Beletage führen.

Als die Arbeiten längst in Gang sind, lässt Schönborn in den Seiten-

Das Vorbild für »Dami, den Schlossdrachen«, der Kinder durch das Bruchsaler Schloss führt

teilen ein weiteres Mezzanin- oder Mittelgeschoss zwischen Erd- und Hauptgeschoss einziehen, wie der Kardinal es wohl bei einem Aufenthalt zur Papstwahl in Rom gesehen hat. Er unterschätzt aber die daraus entstehenden Probleme: Um nicht im Dienstbotenflur zu enden, muss die im Barock für das Zeremoniell so wichtige Prunktreppe jetzt zwischen Erdgeschoss und Beletage zusätzlich die 2,8 Meter Höhe des Mezzanin überwinden, wofür aber der Platz nicht ausreicht. Ritter von Grünstein quittiert verärgert den Dienst, weil seine elegante Rundtreppe verdorben ist, und Schönborn hat ein Problem.

Glücklicherweise steht in Diensten seines Bruders in Würzburg der geniale Balthasar Neumann, dessen Konterfei einst unsere 50-Mark-Scheine geziert hat. Nach mehrjährigem Briefwechsel kommt Neumann 1731 endlich persönlich nach Bruchsal. Die Residenz ist da fast vollendet, die erste Messe in der Hofkirche mit den Asam-Fresken schon fünf Jahre vorher gelesen – nur das »Loch in der Mitten« klafft noch immer.

Neumann will Grünsteins Entwurf so weit wie möglich retten, verlängert aber die Treppenarme in die Eingangshalle, um die erforderliche Höhe zu erreichen. Von Absätzen unterbrochen steigt nun seine Treppe bogenförmig um eine ovale »Grotte« im Erdgeschoss sanft zum Kuppelsaal auf, wo eine Brücke Marmor- und Fürstensaal verbindet. Den wichtigen Effekt des Aufstiegs von der dunkleren Intrada zur lichtdurchfluteten Beletage erzielt Neumann

Das legendäre Treppenhaus des Stararchitekten Balthasar Neumann

durch Arkaden im Innenmantel der Treppe, die die Eingangshalle ausleuchten und die Eleganz der Treppe betonen. Einer gelungenen Mischung von direktem und indirektem Licht verdankt auch der zentrale Treppen-Kuppelsaal der Beletage seine Helligkeit, die den 1752 von Johannes Zick gemalten Fresken ihre besondere Ausstrahlung gibt.

Verantwortlich für die prunkvolle Rokoko-Ausstattung der Bruchsaler Residenz ist Schönborns Nachfolger Christoph von Hutten. Das prächtige Innenleben des Fürstensaals mit den Porträts der Fürstbischöfe schaffen der Maler Zick und der Stuckateur Johann Michael Feuchtmayr 1751 bis 1754 unter Neumanns Leitung. Dem Fürstensaal gegenüber liegt der überaus aufwändig im Rokoko-Stil dekorierte Marmorsaal, den Kunsthistoriker neben dem Treppenhaus für einen Höhepunkt der profanen europäischen Innenarchitektur des 18. Jahrhunderts halten.

Die »Schwiegermutter Europas«

Bei der Verstaatlichung des Bistumsbesitzes geht 1803 auch die Bruchsaler Bischofsresidenz an die Markgrafen von Baden. 1806 wird das Schloss Witwensitz der Markgräfin Amalie von Baden, einer erbitterten Gegnerin Napoleons, der sie den »einzigen Mann am Badischen Hofe« genannt haben soll. Die »Schwiegermutter Europas« vermählt fünf Töchter mit einflussreichen Fürsten und so erlebt Bruchsal glänzende Feste und anti-napoleonische Intrigen, wenn Amalies Töchter und Schwiegersöhne wie Zar Alexander, der bayerische König Maximilian I. oder der schwedische König Gustav IV. zu Gast sind. Nach Markgräfin Amalies Tod 1832 steht das Schloss leer und verfällt. Erst 1900 bis 1909 wird es erstmals restauriert. Unter Leitung von Fritz Hirsch erkennt man auch die Bedeutung der Fassadenbemalung und rekonstruiert diese.

Aus Schutt und Asche

Bei einem Luftangriff im März 1945 werden Stadt und Schloss Bruchsal buchstäblich ausradiert. Die Reste werden mit Notdächern gesichert und nur einige Nebengebäude als Behördensitze hergerichtet. Erst 1964 beginnt das Land den 50 Millionen Mark teuren Wiederaufbau des Schlosses, der als einer der gelungensten in Deutschland gilt. Originalgetreu rekonstruiert werden der Mittelteil mit Intrada, Grotte und Gartensaal, die zentrale Treppe sowie Marmor- und Fürstensaal in der Beletage.

2008 beginnt nach einem Konzept der Kunsthistorikerin Ulrike Grimm die Wiederherstellung der gesamten Beletage in ihrer historischen Form, die mit Ausnahme von Stuck und Schnitzereien durch die Fotos des Heidelberger Künstlers Georg Maria Eckert von 1870 dokumentiert ist. Möbel, Tapisserien und Gemälde haben den Krieg in sicheren Depots überdauert. Darunter sind die erlesenen Schreibschränke Fürstbischofs von Huttens sowie Deutschlands zweitgrößte Sammlung von Wandteppichen, die Damian Hugo von Schönborn teilweise sogar auf Reisen mit sich geführt haben soll. Bruchsal hofft nun auf eine Wiederholung des »Wunders von Mannheim«, wo seit 2007 die renovierte Beletage eröffnet ist.

Mit dem »Deutschen Musikautomaten Museum« besitzt das Schloss bereits eine Sehenswürdigkeit erster Güte, die zu den weltweit größten ihrer Art gehört. In der Außenstelle des Badischen Landesmuseums Karlsruhe zeigen rund

Ein Schloss aus vielen Einzel-Bauwerken. Kirchenflügel und Kammerflügel umfassen den Ehrenhof, jenseits des Torhauses liegt das Kanzleigebäude.

500 Exponate die Entwicklung der automatischen Musik seit dem 17. Jahrhundert von den kleinen Flöten der Kuckucksuhr über die riesigen mechanischen Klaviere mit ihren Papierrollen bis zur Wurlitzer-Musikbox sowie die wichtigsten Herstellungszentren vom Schwarzwald bis Genf, Paris und die USA. Ein Stummfilmkino, die historische Gastwirtschaft der Liesel Jester aus Speyer und ein Tanzsaal sorgen für ursprüngliches Ambiente. Einzelne Instrumente genießen dabei legendären Ruf: die für den Luxusdampfer Titanic vorgesehene Philharmonie-Orgel der Freiburger Firma Welte & Söhne,

die zur Jungfernfahrt nicht rechtzeitig fertig wurde, sowie der selbst spielende Flügel des ersten Bundeskanzlers Konrad Adenauer. Bei Führungen erlebt man die meisten Instrumente in Aktion, viele können sogar per Knopfdruck selbst in Gang gesetzt werden, womit das Museum besonders junge Besucher in seinen Bann zieht. Ein Rundgang ist auch ohne Führung möglich.

Ebenfalls im Schloss untergebracht ist das Museum der Stadt für Ur- und Frühgeschichte, Mineralogie, Münzen und Medaillen, und im Damianstor zeigt der Kunstverein Bruchsal Arbeiten zeitgenössischer Künstler.

Waghäusel: *Quo vadis, Eremitage?*

*F*ür fürstliche Bauherren des Barock ist die »Eremitage« ein Muss, seit Frankreichs Sonnenkönig mit seinem Jagdschloss Marly-le-Roi 1679 das Vorbild dafür geschaffen hat. Bayerns Max Emanuel schickt deswegen seinen Hofarchitekten eigens nach Marly. Von ihm holt sich Markgräfin Sibylla Augusta Anregungen für Favorite bei Rastatt und reicht sie ihrem fürstbischöflichen Freund Damian Hugo von Schönborn weiter – zusammen mit ihrem Architekten Johann Michael Ludwig Rohrer. Unweit seiner Bruchsaler Residenz, beim Kapuzinerkloster und der Marienwallfahrt Waghäusel, die im 15. Jahrhundert von einem »echten« Eremiten betreut wurde, legt der Fürstbischof 1724 den Grundstein für seine Eremitage als Stätte geistiger Einkehr und Ausgangspunkt sportlichen Jagdvergnügens.

Ein Motto der Architekten heißt »Auflösung der Baumasse«: Rohrer arrangiert acht Eremitenpavillons rund um einen sechzehneckigen Zentralbau, der von einem Belvedere-Saal gekrönt ist. Das illusionistische Deckengemälde des italienischen Freskomalers Giovanni Francesco Marchini aus dem Jahr 1732, das ein Feuer 1946 zerstört, stellt eine Einsiedlerhütte inmitten römischer Ruinen dar. Auf Komfort wird verzichtet, Rinde ist ein beliebtes Ausstattungsmaterial. Zum Außenbereich gehören Pferdeställe, Zehntscheuer, Amtskellerei und Zollhaus sowie Häuser für Jäger, Gärtner und Wachen.

Kaum fertiggestellt, sind die Pavillons dann doch zu schlicht für noble Gäste. Umkränzt von einer kunstvollen Ringmauer mit geschwungenen Deckplatten und Kugelaufsätzen entstehen 1730 vier zweistöckige Kavalierhäuser näher am Hauptbaus: Domizil für fürstliche Gäste, Küche und Unterkunft der Garde. Dem nächsten Fürstbischof Franz Christoph von Hutten ist die Eremitage immer noch zu eng. Vom Würzburger Architekten Balthasar Neumann lässt er 1747 die Kavalierhäuser außerhalb der Ringmauer fast spiegelbildlich erweitern und dem Hauptbau vier Flügel anfügen, die so genannten »Ohren«, die ihm seinen charakteristischen kreuzförmigen Grundriss geben. Fürstbischof Damian August von Limburg-Stirum ergänzt den Hauptbau 1783 noch durch Glockentürmchen, Uhr und Altan.

Zuckerguss und bittere Pillen

Mit der Auflösung des Hochstifts Speyer fällt Waghäusel 1803 an den badischen Staat. Nur der Geheime Finanzrat Bürklin verhindert damals, dass die kostenträchtige Immobilie abgerissen und für Straßenpflaster sowie Uferbefestigung des Rheins genutzt wird. Eine völlig neue Ära beginnt 1837, als die »Badische

Noch überragen die Reste der ehemaligen Zuckerfabrik die sorgfältig restaurierte Eremitage. An das vierte Kavalierhaus, das leider im Jahr 1970 der Fabrik zum Opfer fiel, erinnert nur noch ein leerer Sandplatz.

Gesellschaft für Zuckerfabrikation« die »Domäne Waghäusel« erwirbt. Mit damals über tausend Mitarbeitern ist sie eines der größten Industrieunternehmen Badens und regiert Waghäusel wie ein Patriarch: Die Fabrik finanziert Hospital, Sparkasse, Krankenkasse, Feuerwehr und Badeanstalt. In den 1930er-Jahren wird aus dem Dorf die selbständige Gemeinde Waghäusel, Bürgermeister wird selbstverständlich Fabrikdirektor Jakob Bühler.

170 Jahre lang überragen Schornsteine, Silos, Tanks und der nach englischem Vorbild errichtete Raffineriebau die Eremitage. Deren historisches Zentrum wird bemerkenswert wenig verändert, bis zum umfassenden Umbau 1926, mit dem die Zuckerfabrik nach eigenem Bekunden die ursprüngliche Form der Räume wiederherstellen will. Ihm fallen sowohl die original erhaltene Innenausstattung als auch der ursprüngliche Grundriss zum Opfer, klagen Denkmalschützer heute. Die barocke Freitreppe mit dem eisernen Baldachin verschwindet, im Inneren müssen die Zwischendecken einem dreigeschossigen Kuppelbau weichen, der den Blick freigibt auf Marchinis Deckenfresko. 1970 wird eines der vier Kavalierhäuser von einem Melassetank verdrängt, die übrigen stehen leer. Aus Sicht des Denkmalschutzes

Im Schatten der Silotürme erinnert das kleine Denkmal unter den Kastanien an die Schlacht von Waghäusel, den Anfang vom Ende der Badischen Revolution.

ist Letzteres nicht nur von Nachteil: Zwar verfallen die Gebäude, der Hausschwamm zieht ein und die Reparaturfähigkeit scheint in Frage gestellt. Zugleich bleibt aber die Bausubstanz im Original erhalten.

Als Mitte der 1980er-Jahre in der Eremitage Büroräume und ein Depot für die Landessammlungen für Naturkunde entstehen sollen, wird vor der Sanierung die Baugeschichte sorgfältig rekonstruiert. Uta Hassler aus dem Architektenteam der »Arbeitsgemeinschaft Eremitage« formuliert den Grundkonflikt bei der Wiederherstellung eines derart stark beschädigten Ensembles: »... einerseits den Fehler zu vermeiden, durch Formvereinheitlichung und Reproduktion eine Geschichtsfälschung zu erzeugen, andererseits darf aber auch nicht das Fragmentarische der Anlage als ästhetisches Konzept zelebriert werden.« In der Praxis heißt das: Wo man an einem Fenster bedingt durch Repa-

raturen der Vergangenheit verschiedene Gläser und Beschläge findet, werden sie zwar repariert, aber nicht vereinheitlicht, sondern so wieder eingebaut, wie es zuvor war.

Nach Schließung der Zuckerfabrik 1995 erwirbt die Gemeinde Eremitage und Gelände. Der symbolische Preis von einer Mark lässt schon die Folgekosten ahnen. Bis 2008 fließen über fünf Millionen Euro in den geplanten »Gewerbepark Eremitage«, dessen Erschließung ungewöhnliche Wege gehen muss. Während sein historisches Zentrum 2004 ein neues Kuppeldach aus Stahl und Holz bekommt, werden die Industriegebäude ringsum abgerissen – und das mit äußerster Vorsicht. So wurden die 70 Meter hohen Fabrikschlote nicht einfach gesprengt, sondern Stück für Stück abgetragen.

Über die künftige Nutzung der Eremitage und eine mögliche Öffnung für Besucher ist 2008 noch keine Entscheidung gefallen.

Kislau: *Lustschloss mit düsterer Geschichte*

Im Jahr 1083 wird »Castrum Chise-lowa« (Kiesel-Aue) urkundlich er-wähnt, eine Trutzburg auf den Resten eines Römerkastells, die vermutlich um die Jahrtausendwende zum Schutz gegen brandschatzende Reiterscharen aus dem Osten entstanden ist. Reste der romanischen Quader sind bis heute im Hauptbau der weitläufigen Anlage erhalten. Als der Kislauer Burgadel aus-stirbt, belehnt König Wilhelm 1252 den Speyerer Bischof Heinrich II. von Leiningen mit dem Besitz. Über 400 Jahre lang dient er den bischöflichen

»Typisch Schönborn«: Auf den Resten der zerstörten Burg errichtet der »bauwütige« Kardinal sein barockes Jagdschloss mit ausgedehnten Wirtschaftsgebäuden.

Obervögten am Bruhrain als Amtssitz und den Fürstbischöfen als Sommerresidenz und Jagdhaus.

Schon damals erhält Kislau auch die Funktion als Gefängnis, die seine Geschichte bis heute bestimmt: Nach der Niederschlagung des Bauernaufstands im Kraichgau 1525 werden hier Gefangene eingekerkert und ihre Rädelsführer auf der Schlossbrücke enthauptet. Sechs Jahre später werden zwölf Wiedertäufer aus dem nahen Zeutern in Kislau inhaftiert, 1595 angebliche »Hexen« aus Odenheim.

Im 17. Jahrhundert brennen erst die Wirtschaftsgebäude ab, und während der Belagerung Philippsburgs 1675 schleifen Truppen Ludwigs XIV. die Burg, sprengen den Wehrturm und schütten die Wassergräben zu. Auf den Resten lässt Fürstbischof Damian Hugo von Schönborn, der gerade seine Residenz im nahen Bruchsal plant, 1721 durch Johann Michael Ludwig Rohrer ein barockes Jagdschloss errichten. Der mittelalterliche Bergfried wird zum zentralen Treppenturm des quadratischen Hauptgebäudes mit herrschaftlichen Wohnräumen und einer Kapelle, davor ein kleiner Ehrenhof mit Kavaliergebäuden, weiter entfernt die ausgedehnten Ökonomiegebäude.

Schönborns Nachfolger Franz Christoph von Hutten lässt im Schloss das bis heute erhaltene Bischofsbad einrichten. Es wird aus einer schwefelhaltigen Quelle bei Langenbrücken gespeist und ist damit der Beginn des Kurbetriebs im heutigen Bad Schönborn.

Durch die Säkularisierung 1803 werden die Kirchengüter badisch, das Schloss wird Kaserne und Hospital, später Staatsgefängnis. Bis auf das Bischofsbad werden die Außenanlagen und die wertvolle Inneneinrichtung in jener Zeit weitgehend zerstört. Das Schloss wird Lazarett für nervenkranke Veteranen und nach dem Ende der Badischen Revolution werden hier verhaftete Freiheitskämpfer interniert, darunter zahlreiche Heidelberger Studenten. Später dient das Schloss als Arbeitslager, nach dem Ersten Weltkrieg als Lazarett und Kriegsgefangenenlager, danach als Außenstelle der Heil- und Pflegeanstalt Wiesloch.

1933 beginnt das düsterste Kapitel in der Geschichte des Schlosses: Kislau wird »Schutzhaftlager« für politische Gefangene. Am 16. Mai eskortieren SA und SS in einem perversen Triumphzug die Spitze der badischen Sozialdemokratie ins KZ Kislau. Unter ihnen sind der frühere badische Staatspräsident Hermann Remmele, Staatsrat und Heimatschriftsteller Hermann Stenz, der Chefredakteur der SPD-Zeitung »Volksfreund« Sally Grünebaum und der Reichstagsabgeordnete und Staatsrat Ludwig Marum. »Meine Freiheit können sie mir nehmen, aber nicht meine Würde und meinen Stolz«, schreibt KZ-Häftling Marum an seine Frau. Am 29. März 1934 wird er in seiner Zelle erdrosselt.

1938 sitzen rund 170 politische Häftlinge in Kislau. Anfang 1939 wird das KZ aufgelöst und dient als Strafgefängnis für »Arbeitsverweigerer« und so genannte »Rotspanier«, antifaschistische Kämpfer aus Spanien.

Das »Bischofsbad« im Schloss, die Keimzelle des Kurbetriebs im heutigen Bad Schönborn

Der spätere Ulmer Oberbürgermeister Robert Scholl, Vater von Hans und Sophie Scholl, sitzt hier 18 Monate wegen Abhörens von »Feindsendern« ab.

Nach Kriegsende wird Kislau von französischen Kolonialtruppen aus Marokko besetzt und dient danach heimatvertriebenen Sudetendeutschen als Unterkunft. Seit 1948 ist das Schloss wieder Gefängnis – eine Außenstelle der Justizvollzugsanstalt Bruchsal für Täter mit Haftstrafen bis zu einem Jahr.

Zu besichtigen ist es naturgemäß nicht – aber es gibt einen »Tag der offenen Tür«.

Obergrombach: *Bischöfe und Rebellen*

Über den eng gedrängten Fachwerkhäusern des Dörfchens Obergrombach, das heute zu Bruchsal gehört, thront ein malerisches Ensemble: ein Barockschloss mit zierlichen Türmchen, auf einem Bergsporn darüber eine trutzige mittelalterliche Burgruine. Ihr 25 Meter hoher Bergfried aus

»Haustüre« zum Schloss:
Seit 1885 geht hier die Familie von
Bohlen und Halbach ein und aus.

dem 15. Jahrhundert mit über zwei Meter dicken Mauern steht vorgeschoben außerhalb der alten Kernburg, die von einer efeubewachsenen romanischen Ringmauer mit einst wehrhaften Türmen umgeben ist. An dieser Stelle gab es vermutlich schon zu fränkischer Zeit einen herrschaftlichen Gutshof. Südlich davon liegt die Unterburg, die im 18. und 19. Jahrhundert zum Schloss umgebaut wurde. Von dort geht es steil abwärts ins Tal zur Burgkapelle.

Otto von Bruchsal verkauft »sloss grumbach« mitsamt dem Dorf 1265 an die Bischöfe von Speyer, die auf der »Marienburg«, wie ihre Wappen an den Mauern bezeugen, immer wieder Zuflucht suchen. So zieht sich Bischof Johannes II. von Hoheneck zu Enzberg 1464 ins »Exil« auf Schloss Obergrombach zurück, nachdem er zur Abdankung gezwungen wird – jener Zeit verdankt die Kapelle zu Füßen der Burg ihre Wandmalereien. Im 15. Jahrhundert entstehen in der Oberburg auch Badestube und Marstall sowie das vierstöckige Wohngebäude, dessen Ruine mit dem Treppenturm sich an die Nordmauer anlehnt.

1502 ist die Marienburg Ziel einer Verschwörung ausgebeuteter Bauern. Joß Fritz, ein Leibeigener der Bischöfe aus dem Nachbarort Untergrombach, schweißt sie im »Bundschuh« zusammen. Er beruft sich auf göttliche Gerechtigkeit und fordert die Ab-

Im 19. Jahrhundert erhielt Schloss Obergrombach sein romantisches Gesicht.

schaffung von Leibeigenschaft, Zinsen, Zehnten und Steuern sowie die Aufhebung des Kirchengutes. Am Pfingsttag 1502 sollen zwei Schlossknechte den Aufständischen das Burgtor öffnen. Aber ein Bürger verrät die Verschwörer. Hunderte von Bauern werden verhaftet, viele Anführer enthauptet, doch Joß Fritz entkommt. Er spielt danach erneut eine Rolle bei den Bauernaufständen im Breisgau und wird Jahrhunderte später für Friedrich Engels zum Symbol revolutionärer Tradition in Deutschland.

Erfolgreicher im Sturm auf die Marienburg ist der Speyrer Bischof Philipp Christoph von Sötern im Dreißigjährigen Krieg, als er die Besatzung niedermetzeln lässt, und 1689 verwüsten französische Soldaten die Burg im Pfälzer Erbfolgekrieg.

Zu neuer Blüte kommt Obergrombach erst wieder, als der bauwütige Kardinal Damian Hugo von Schönborn, der sich gerade in Bruchsal häuslich einrichtet, die frühere Unterburg zu einer weiteren Sommerresidenz ausbauen lässt. Selbst beim Konklave in Rom fin-

Links: Welches Kind würde hier nicht gern Verstecken spielen? Rechts: Jahrhunderte-lang waren die Wandmalereien in der Schlosskapelle übertüncht.

det er neben der Papstwahl noch Zeit, sich um sein Projekt zu kümmern und erteilt von dort Anweisungen, wie Ess- und Gesindestube in Obergrombach herzurichten sind – bis hin zur Silber-kammer im Gewölbe. Am Aufgang zur Oberburg sind an zwei kleinen Obelis-ken die Wappen Schönborns und des Bistums zu erkennen.

Wenige Jahrzehnte später allerdings scheinen Schloss und Kapelle bereits verwahrlost und baufällig zu sein. 1803 nimmt das Großherzogtum Baden den rechtsrheinischen Besitz des Bistums an sich. Danach wechselt das Schloss mehrfach die Besitzer, die es vor allem in den 1850er- und 60er-Jahren um-fangreich restaurieren und romantisie-rend umbauen.

Neugierig beobachten die Ober-grombacher im Oktober 1885, wie wieder neue Herrschaften im Schloss einziehen, Prominente vom Großher-zoglichen Hof in Karlsruhe und oben-drein beide aus Amerika. Hofzeremoni-enmeister Gustav Georg Friedrich von Bohlen und Halbach und seine Ehefrau Sophie lassen Burg und Schloss restau-rieren, kaufen die Kapelle, aus der sie ein evangelisches Gotteshaus machen, und richten sogar ihren Privatfriedhof auf dem Schlossareal ein.

Die spätgotische Burgkapelle Sankt Martin, die schon im Jahr 1346 erwähnt wird, ist offenbar im 18. Jahrhundert in einem beklagens-werten Zustand. Als Obergrombach seine eigene Dorfkirche bekommt, soll die Kapelle abgerissen werden. Nathan Drach ersteigert sie für die jüdische Gemeinde, die das Gottes-haus nicht abreißt, sondern darin

1846 ihre Synagoge einrichtet. Bei den Sanierungsarbeiten entdecken die neuen Besitzer eindrucksvolle Wandmalereien, die vermutlich schon im 16. Jahrhundert übertüncht wurden – vielleicht hat die Arbeit des Dorfmalers dem »modernen« Geschmack der Fürstbischöfe nicht genügt. Sie stellen das Weltgericht dar, die Kreuztragung und mehrere Märtyrergeschichten sowie das Gastmahl des Herodes mit Motiven aus ihrer Entstehungszeit: Weinkühler, Hofnarr und Musikanten. Außergewöhnlich ist auch das Mobiliar des Kirchleins: Thoraschrein, Sitzbänke und Leuchter hat man von der jüdischen Gemeinde übernommen.

Die neue Besitzerfamilie im Obergrombacher Schloss zeigt sich von Anfang an als Mäzen »ihres« Dorfes. Verwandtschaftliche Beziehungen zur Essener Stahl-Dynastie Krupp erweisen sich als Vorteil für die Gemeinde, als deren Wasserversorgung einzurichten ist.

Das Schloss ist nach wie vor bewohnt und nicht zu besichtigen. Aber die Kapelle steht den Gläubigen im Sommer zu Gottesdiensten der Christusgemeinde offen. Seit 2002 feiern Obergrombacher Vereine im Schlosspark ihr sommerliches Burgfest, bei dem sich Hunderte mittelalterliche Ritter, Bauern und Landsknechte im »Bundschuhlager« niederlassen – natürlich nicht ohne Joß Fritz.

Verrat rettet die Marienburg 1502 im Bauernkrieg, aber der Pfälzer Erbfolgekrieg im Jahr 1689 lässt auch von ihr nur Ruinen zurück.

So »schottisch«, wie oft behauptet wird, ist das malerische Douglas-Schloss in Gondelsheim gar nicht. Dafür wirkt der helle Sandsteinbau vor allem im Sonnenlicht viel zu heiter und sogar ein wenig verspielt mit seinen Zinnen und Türmchen und der oft witzigen Jugendstildekoration der Fassaden. Seine Bauherren sind auch ur-badisch.

Der spätere Großherzog Ludwig I., der Letzte aus der Linie der Zähringer, lässt ab 1806 das alte Gondelsheimer Schloss umbauen, als er wegen »verderblichen Einflusses« auf seinen Neffen Erbprinz Karl aus der Residenz verbannt wird. Bei Friedrich Weinbrenner persönlich lässt er den jungen Johann

Ein Hauch von Schottland:
das legendäre Herz der Douglas

Christoph Scheib zum Architekten ausbilden und vom Schwetzinger Gartendirektor Johann Michael Zeyher einen englischen Park anlegen, der höchsten Ansprüchen genügen soll. Die Ausstattung holt er aus ganz Baden: Möbel aus Karlsruhe, barocke Glasfenster für die heute verschwundene Eremitage aus dem Kloster Salem, aus Schwetzingen Tausende von Bäumchen und die eine oder andere Statue.

Als Ludwig 1818 die Herrschaft in Karlsruhe antritt, wird Gondelsheim Sitz seiner jungen Familie, die in der Residenz als »nicht legitim« gilt. Ludwig hat zwei Kinder mit der 36 Jahre jüngeren Katharina Werner, einst »Figurantin« am Hoftheater. Um Ehefrau und Kinder für die Zukunft abzusichern, ernennt er sie zu Gräfin und Graf von Langenstein und Gondelsheim. Sein Sohn, Graf Ludwig, lässt Schloss Gondelsheim 1857 bis 1861 im neugotischen Stil von Georg Jakob Schneider umbauen, der damit vom Freiburger Colombi-Schlösschen und seiner Mitarbeit in Ortenberg Erfahrung hat.

»Schottisch« wird Gondelsheim erst nach Ludwigs Tod 1872: Erbe ist sein Neffe Wilhelm, der Sohn seiner Schwester Louise, die auf einem Hofball in Sachsen einen schwedischen Studenten der Landwirtschaftsakademie kennengelernt und 1848 in Baden-Baden geheiratet hat: Karl Israel

Badisch-schottische Romantik in Gondelsheim

Graf Douglas, Nachkomme des schwedischen Zweigs der uralten schottischen Adelsfamilie. Aus Schottland bringen die Douglas das Herz in ihrem Wappen mit, das heutige Brautpaare beim Hochzeitsfoto vor dem Schloss besonders zu schätzen wissen, aus Schweden das Lucia-Lichterfest, das den Weihnachtsmarkt im Schlosshof prägt.

Als Graf Wilhelm Douglas um 1900 von Karlsruhe nach Gondelsheim zieht, lässt er das Schloss von Emil Schweickhardt um zwei Seitenflügel und den großen Turm erweitern und ihm durch abwechslungsreiches Jugendstil-Dekor neuen Reiz verleihen. Innen beeindru-

cken wertvolle hölzerne Wandvertäfelungen wie im Speisezimmer, das der Kapitänskabine auf der Titanic nachempfunden ist. Eine Jugendstil-Perle im Park ist die Kopie des »Nymphenbrunnens« von Walter Schott.

Schloss Gondelsheim ist bis heute in Privatbesitz und grundsätzlich nicht öffentlich zugänglich. Allerdings überlässt es Axel Graf Douglas, der überwiegend auf dem weiteren Familiensitz am Bodensee lebt, seit einigen Jahren dem gemeinnützigen Kulturverein Schloss Gondelsheim, um dort kulturelle und soziale Veranstaltungen sowie natürlich Hochzeitsfeiern auszurichten.

Beliebtes Fotomotiv ist der Nymphenbrunnen im Schlosspark – eine Kopie der »tanzenden Mädchen« des Berliner Bildhauers Walter Schott aus dem Jahr 1903.

Rebellische Bürger, bankrotte Ritter und gierige Fürsten

Mit einem rauschenden Schlossfest feiert Gondelsheim bis heute den Übergang der Ortsherrschaft an das Haus Baden. Dabei war mit den mittelalterlichen Schlossherren alles noch recht gut gegangen – den Grafen von Württemberg, den Landschad von Steinach, den Herren von Katzenelnbogen und den Kraichgaurittern von Mentzingen. 1720 aber rodet Johann Reinhard von Mentzingen ein Stück Wald, das der Gemeinde gehört. Ein jahrzehntelanger Rechtsstreit beginnt und ein erbitterter Kleinkrieg, in den schnell zwei Großmächte eingreifen: der Kaiser als Schutzmacht der Kraichgauer Reichsritter gegen die Kurpfalz, die sich Gondelsheim gern einverleibt hätte. Nach der »Gondelsheimer Rebellion« 1730 verhaftet ein kaiserliches Regiment die Rädelsführer und stationiert Bewaffnete im Schloss zum Schutz der Damen. Prompt rücken auch kurpfälzische Soldaten an und so liegt man sich wochenlang im Dorf gegenüber.

Zehn Jahre später kursieren Gerüchte über Schulden des Gondelsheimer Schlossherrn in der unvorstellbaren Höhe von einer halben Million Gulden. Der bestreitet alles unter Berufung auf »adelige Ehre und Treue«, bis Kaiser Franz I. 1752 den Konkurs der Familie Mentzingen verkündet. Betroffen sind Hunderte Handwerker, Händler, Beamte und Diener ebenso wie der Pfälzer Kurfürst als Hauptgläubiger, der Gondelsheim mit seinen Gütern jetzt endlich einkassieren möchte – gegen den Willen von Kaiser und Ritterschaft. Markgraf Karl Friedrich von Baden-Durlach nimmt dem Konflikt die Spitze, tauscht die Forderungen der Kurpfalz ein und kauft Gondelsheim 1787 endgültig. Die Familie Mentzingen nimmt beim Auszug aus dem Schloss mit, was nicht niet- und nagelfest ist – sogar die Tapeten von den Wänden.

Gondelsheim und der Wald: ein heißes Eisen

Wenn es um ihren Wald geht, reagieren die Gondelsheimer empfindlich – das haben sie schon mit ihrer Rebellion 1730 bewiesen. Ein Vergleich vor dem Reichshofrat in Wien beendet den 50 Jahre langen Rechtsstreit nur kurz, 1788 kommt der Waldstreit erneut vor Gericht. Die Niederlage 1802 akzeptiert die Gemeinde nicht. Ihre prominenten Anwälte Lorenz Brentano und Friedrich Hecker halten den Fall für aussichtslos und so verlegt man sich 1848 auf geharnischte Briefe an den neuen Schlossherrn Graf Langenstein. Der ist überraschend kompromissbereit und gibt das umstrittene Waldstück zurück. Eine weise Entscheidung: Während der Badischen Revolution bleibt es in Gondelsheim bemerkenswert ruhig.

Wie sensibel Gondelsheim in Sachen Wald reagiert, muss auch der heutige Schlossherr Axel Graf Douglas erfahren, als er 2005 das Wäldchen hinter dem Schloss abholzen lässt. Er wolle dort den englischen Schlosspark, der seit 1935 verschwunden ist, so wieder errichten lassen, wie ihn sein Vorfahr Großherzog Ludwig vor 200 Jahren

Oben: »Hier wachen wir!«
Unten: Originelles Ambiente für kleine Feste ist der Titanic-Salon, der Kapitänskajüte des Luxusliners nachempfunden.

angelegt hat, so Graf Douglas. Misstrauische Bürger dagegen sprechen von »Kahlschlag« und befürchten ein neues Baugebiet, die zuständige Forstdirektion Freiburg verweist auf die fehlende Erlaubnis zur Abholzung, und das Amtsgericht Freiburg verurteilt den Grafen zu 12 000 Euro Geldbuße. Seit Frühjahr 2008 wird in dem einstigen Wäldchen fleißig gearbeitet – in zwei Jahren soll der neue alte Park vollendet sein.

Karlsruhe: »Deutschlands ärmlichste Barockresidenz«

*A*ls die Söhne Markgraf Christophs I. 1535 das Erbe unter sich aufteilen, bleibt Bernhard in Baden-Baden, sein Bruder Ernst zieht zunächst nach Pforzheim, und dessen Sohn Karl II. verlegt die Residenz nach Durlach. Dort lässt er ein kleines Jagdschloss zu einem eindrucksvollen Renaissanceschloss ausbauen – seine Arbeiter soll »Karle mit der Tasch« dabei eigenhändig aus einer Umhängetasche entlohnt haben.

Im Schreckensjahr 1689 sinkt die Durlacher Karlsburg in Schutt und Asche. Markgraf Friedrich Magnus möchte zwar auf ihren Resten ein Barockschloss wie sein Vetter Ludwig Wilhelm in Rastatt bauen und leiht sich dafür dessen italienischen Architekten Egidio Rossi aus, aber mitten im Bau geht das Geld aus.

Sein Sohn und Nachfolger Karl Wilhelm beschreitet danach völlig neue Wege. Der Legende nach schläft er bei einem Jagdausritt im Hardtwald ein und träumt von einem prachtvollen Schloss, das wie eine Sonne auf seine neue Residenz ausstrahlt. Am Reißbrett lässt er seine Traumstadt entwerfen. Ab 1715 entsteht nach Plänen des Ingenieurs und Gardeoffiziers Jakob Friedrich von Batzendorf »Carols Ruh« mitten im Wald, wo genug Platz ist für Schloss, Garten und Stadt. Bis heute geht der Hardtwald im Norden des Schlosses nahtlos in dessen Park über.

Mit dem Prunkbau des katholischen Markgrafen in Rastatt kann und will sich das teilweise aus bescheidenem Fachwerk errichtete Schloss des evangelischen Baden-Durlachers nicht messen: »Ich bin ein kleiner Fürst. Ich habe ein Haus nach meinem Stand gebaut«, wird Karl Wilhelm dazu auf einer Tafel im heutigen Badischen Landesmuseum zitiert.

Einzigartig ist dagegen der Grundriss seiner Residenz. Von ihr strahlen 23 Alleen nach Norden durch den Schlosspark aus und neun Straßen nach Süden durch die später angelegte Stadt Karlsruhe, die daher den Beinamen

Der Rundblick über Karlsruhe vom Schwarzwald bis zum Pfälzer Wald belohnt für die 165 Stufen bis zur Plattform des Schlossturms.

Schattenriss vor seiner Karlsruher Residenz: Karl Friedrich führte Baden im 18. Jahrhundert von der Markgrafschaft zum Großherzogtum.

»Fächerstadt« trägt. Vom zweistöckigen Hauptbau streben die Seitenflügel zur Stadt hin und setzen sich nach Osten in den langgestreckten Gebäuden von Stallungen und Reithaus, im Westen in drei Orangeriehäusern fort. Anders als die meisten Schlösser seiner Zeit schließt das Karlsruher Schloss seine »Arme« nicht um einen rechteckigen Ehrenhof, sondern öffnet sie der Fächerstruktur folgend weit zur Stadt hin und nähert sich damit am deutlichsten dem Versailler Grundmotiv des »Dreistrahls«. Diese charakteristische Öffnung zur heutigen Innenstadt und Fußgängerzone ist durch die unterirdische Verlegung der Durchgangsstraße vor dem Schloss im 20. Jahrhundert glücklicherweise erhalten geblieben.

Tulpen und andere Schönheiten

Geometrischer Mittelpunkt des barocken Ensembles ist ein ursprünglich siebenstöckiger Achteckturm auf der Nordseite des Schlosses, den drei übereinanderliegende, offene Holzgalerien mit dem Hauptbau verbinden, berichtet die Historikerin Jutta Dresch. 1785 wird der Turm durch Wilhelm Jeremias Müller verkürzt und bekommt ein

Unter der Herbstsonne entfaltet der Karlsruher »Fächer« seine ganze Pracht.

Kuppeldach. Seine Aussichtsplattform bietet heute den besten Ausblick über den Karlsruher Fächer. Einblicke ins geheime Leben des Stadtgründers gewährt die Darstellung der legendären »Tulpenmädchen« im Saal darunter. Die als Hofsängerinnen oder Kammerfrauen deklarierten jungen Damen sollen den Markgrafen nicht nur bei Ausritten in Husarenuniform begleitet haben: Mehrere uneheliche Kinder, die Carl oder Carline getauft wurden, lassen auch auf andere Dienste schließen.

Tulpen spielen ohnehin eine besondere Rolle im Leben des passionierten Gärtners Karl Wilhelm. Im Schlossgarten, den er von Christian Thran im französischen Barockstil anlegen lässt, werden 1738 fast fünftausend Tulpensorten genannt, die der sonst so sparsame Markgraf für viel Geld importiert. Er reist dafür selbst nach Holland und schickt seinen Gärtner auf Expeditionen in ferne Länder, um seltene Pflanzen zu beschaffen. Über 2000 Orangenbäume schmücken im Sommer die Gärten und überwintern in geheizten Gewächshäusern. Zwischen 1761 und 1782 allerdings muss der Lustgarten vor dem Schloss einem großen Sandplatz mit repräsentativer Zufahrt weichen, wird im 19. Jahrhundert mehrmals umgestaltet und erhält erst 1990 sein heutiges Gesicht.

Karlsruhe macht Karriere

Als Karl Wilhelm 1738 stirbt, kommt sein erst neunjähriger Enkel und Nachfolger Karl Friedrich zunächst unter die Vormundschaft von Magdalena Wilhelmine von Württemberg. So greift der junge Markgraf auf Architekten des württembergischen Hofs zurück, als er sich für einen kompletten Neubau des jahrelang ungenutzten und sanierungsbedürftigen Karlsruher Schlosses entschließt. Baudirektor wird 1752 Albert Friedrich von Kesslau, der bei den Planern des Stuttgarter Schlosses, Leopoldo Retti und Philippe de La Guêpière, gelernt hat. Mehrere Entwürfe, unter anderen auch von Balthasar Neumann, stoßen nicht auf Zustimmung, so vollendet von Kesslau 1770 in Abstimmung mit seinem Lehrmeister La Guêpière einen Neubau von schlichter Eleganz, der dem charakteristischen Fächergrundriss treu bleibt.

In seiner 65 Jahre dauernden Regierungszeit macht Karl Friedrich Karlsruhe zu einem Zentrum von Kultur und Aufklärung und führt die Markgrafschaft zum Höhepunkt ihrer Macht: 1771 erbt er nach dem Aussterben der Bernhardinischen Linie die Markgrafschaft Baden-Baden, wird 1803 Kurfürst und regiert ab 1806 als Großherzog auch über die rechtsrheinischen Teile der Kurpfalz, der Bistümer Konstanz, Basel, Straßburg und Speyer, den Breisgau und die Ortenau. Als aufgeklärter Monarch schafft Karl Friedrich Folter, Hexenprozesse und Leibeigenschaft ab. Sein Nachfolger Karl Ludwig Friedrich gibt Baden 1818 seine erste Verfassung, und von 1819 bis 1822 tagt der erste badische Landtag im Karlsruher Schloss.

Am 16. Oktober 1812 stirbt hier der erste Sohn von Großherzog Karl Ludwig Friedrich und Stéphanie de Beauharnais im Alter von nur 18 Tagen. Schnell kursieren Gerüchte, der verstorbene Säugling sei in Wirklichkeit das todkranke Kind eines Karlsruher Arbeiters gewesen. Der wahre Erbprinz dagegen sei entführt worden, um den Söhnen von Großherzog Karl Friedrichs zweiter und 40 Jahre jüngerer Frau, der im Volk verhassten Gräfin Luise Karoline von Hochberg, die Thronfolge zu sichern. Bis heute erregt die Frage die Gemüter, ob das später in Nürnberg aufgetauchte Findelkind Kaspar Hauser der »geraubte« Erbprinz von Baden war.

Von der Residenz zum Museum

Das Karlsruher Schloss bleibt Regierungs- und Familiensitz bis zur Abdankung des letzten badischen Großherzogs Friedrich II. im November 1918. Das Inventar wird danach aufgeteilt zwischen der Familie und dem badischen Staat, der im Schloss das Badische Landesmuseum einrichtet. Neben den Beständen des Badischen Kunstgewerbemuseums enthält es die Großherzoglichen Sammlungen für Altertums- und Völkerkunde sowie Privatsammlungen des Hauses Baden, darunter auch die markgräfliche »Kunst- und Wunderkammer« und die legendäre »Türkenbeute« von Markgraf Ludwig Wilhelm aus Rastatt. Im Salzbergwerk Heilbronn ausgelagert entgehen die Schätze im Septem-

Links: Im Badischen Landesmuseum triumphiert der Revolutionär Friedrich Hecker mit dem berühmten Heckerhut über Großherzog Leopolds Thron. Rechts: Die Kaminuhr der Markgräfin Karoline Louise hat das Museum bei der »Markgrafenauktion« im Baden-Badener Schloss 1995 erbeutet.

ber 1944 den Brandbomben, die vom Karlsruher Schloss kaum mehr als die Außenmauern übrig lassen.

Mehr als zehn Jahre später beginnt der von Jutta Dresch dokumentierte Wiederaufbau nach dem modernen, international beachteten Konzept von Museumsdirektor Rudolf Schnellbach. Nach seinem Motto »die Säle wollen nur Museum sein« verzichtet man bewusst auf eine historisierende Gestaltung: Stahlbeton stärkt Fundamente, Decken und Tragesäulen, große Ausstellungssäle ersetzen die barocken Zimmerfluchten. Über 100 000 Besucher strömen im ersten Jahr nach der teilweisen Wiedereröffnung 1959 ins Schloss. Kurz danach werden die Bauarbeiten unvermittelt gestoppt, das Museum erneut in Frage gestellt: Das seit 1951 in Karlsruhe ansässige Bundesverfassungsgericht sucht neue

Räume, die es zu guter Letzt in modernen Pavillons im Westen des Schlossbezirks findet. 1966 ist der Wiederaufbau vollendet. Bedeutenden Zuwachs bekommt das Museum 1995, als bei der Markgrafenfamilie verbliebenes Inventar und Kunstgegenstände in einer spektakulären Auktion im Neuen Schloss Baden-Baden versteigert werden.

Seither hat das Museum seine Bestände zu zusammenhängenden kulturhistorischen Ausstellungen arrangiert – von der Antikensammlung, die als eine der bedeutendsten in Deutschland gilt, über das Leben der Menschen am Oberrhein im Mittelalter, höfisches Ambiente am großherzoglichen Hof bis zum Alltagskitsch des 20. Jahrhunderts. Ein eigenes Eckchen ist dem Badnerlied gewidmet: »In Karlsruh' ist die Residenz ...«

Gottesaue: das Telefon im Renaissancegebälk

*F*ast 1000 Jahre trennen das Relief-porträt des Grafen Berthold von Hohenberg von den Studenten, die täglich im Foyer der Musikhochschule Karlsruhe daran vorbeigehen. Im Jahr 1094 gründet Graf Berthold, dessen Stammsitz auf dem Durlacher Turm-berg steht, an dieser Stelle ein Klos-ter. Der Sage nach hat er hier mitten im Wald sein verlorenes Töchterlein wiedergefunden und die Stelle aus Dankbarkeit nach »Gottes Augen« genannt, die über das Kind gewacht haben. Nach dem Tod des letzten Abts 1556 wird das Benediktinerkloster Gottesaue aufgelöst und damit der Bo-den für einen ehrgeizigen jungen Bau-herren bereitet.

Gottesaue: einst Kloster, Jagdschloss und Kaserne, heute Musikhochschule

Der Schneckenturm der Renaissance wurde nach der Zerstörung beim Wiederaufbau Ende des 20. Jahrhunderts in Stahl und Guss nachempfunden.

Das Stuttgarter Schloss und die Pläne für das prächtige Neue Lusthaus müssen den angehenden Markgrafen Ernst Friedrich, der bei Vormund Herzog Ludwig von Württemberg aufwächst, sehr beeindruckt haben. Anders als in Stuttgart soll sein Jagd- und Lustschloss aber nicht im Garten neben der Residenz entstehen, sondern in der freien Landschaft und nah am Wald. Unweit der Durlacher Karlsburg, wohin die Herren der »unteren Mark-

grafschaft Baden« 1565 ihre Residenz aus Pforzheim verlegt haben, findet er bei den Resten des Benediktinerklosters Gottesaue das ideale Gelände.

Als Architekten gewinnt Ernst Friedrich den gebürtigen Königsbacher Johannes Schoch, der zuvor schon fürstlicher Baumeister in Durlach war und später mit dem Friedrichsbau des Heidelberger Schlosses berühmt wird. Die Bauleitung übernimmt Schochs Polier Paul Murer.

Schloss Gottesaue entsteht zwischen 1588 und 1594 und ist damit 120 Jahre älter als die Stadt Karlsruhe. Der dreigeschossige, langgestreckte Renaissancebau wird von runden Ecktürmen und dem Treppenturm vor der Mitte der Westseite überragt.

Wie in einer spätmittelalterlichen Burg nimmt der Hauptraum das gesamte Erdgeschoss ein, darüber liegen ein kleiner Saal, die Kapelle und die Räume des Markgrafen. Im zweiten Obergeschoss dehnt sich der große Festsaal bis in zwei der Ecktürme aus. Seine Kassettendecke ist mit Gemälden nach Entwürfen des Antwerpener Interieur-Malers Hendrik van Steenwijk II. dekoriert. Die Krönung sind mit Statuen geschmückte Dachbalustraden, die zum Promenieren in luftiger Höhe einladen.

Wie die Residenz in Durlach wird auch Gottesaue 1689 von französischen Truppen teilweise zerstört. Für einen umfassenden Wiederaufbau fehlt das Geld noch mehr als bei der Karlsburg, stattdessen werden die Fensterrahmungen aus Gottesaue im Durlacher Marstallgebäude verwendet. 1735 brennt das notdürftig reparierte Gebäude erneut ab. Bei der Sanierung wird das dritte Stockwerk abgetragen, Fenster und Fassaden im Zeitgeschmack umgestaltet. Aus dem Schloss wird ein landwirtschaftliches Mustergut, ringsum entsteht bald eine Frühform eines »Gewerbeparks«: Erst siedeln sich eine Salpetersiederei und eine Bierbrauerei an, später eine Ziegel- und Kalkbrennerei sowie eine Wasch- und Bleichanstalt. Nach 1818 ist das einstige Schloss Artilleriekaserne, ab 1918

Nur mit Adleraugen erspäht man die Symbole der modernen Zeit hoch oben im Renaissance-Gesims.

Wohngebäude, Polizeischule und wieder Kaserne. Nach einem Luftangriff 1944 bleiben nur der Gewölbekeller und Teile der Außenmauern übrig, zwei stehen gebliebene Türme werden wegen Einsturzgefahr nachträglich gesprengt.

Der fromme Klostergründer im Foyer der Musikhochschule

gliederung als Hauptmerkmale des Renaissancebaus beibehalten und das dritte Geschoss wieder angefügt. Erhaltene Fassadenteile, und nur diese, werden repariert, gleich aus welcher Epoche sie stammen. So werden das barocke Eingangstor und die Uhrenfassung belassen, die längst verschwundenen Renaissance-Fenstergestelle an den Wänden dagegen nicht als solche nachgebaut, sondern mit modernen Mitteln gestaltet. Alte und neue Bausubstanz bleiben erkennbar. Den Bezug von der Renaissance zur Moderne betonen Sandsteinfiguren an den Ecken des obersten Gesimses: ein Telefon, eine Colaflasche, eine Weltraumfähre und eine Büste der Architektin.

Im Inneren nehmen Stahl und Beton die historischen Formen wieder auf, beispielsweise den »Schneckenturm« und die Kassettendecken der Renaissance. Moderne Einbauten halten respektvollen Abstand vom historischen Gemäuer und geben sich auch im Material als modern zu erkennen.

Allen Zerstörungen entgangen ist allein der Keller mit Pfeilern und Kreuzgewölbe, der jetzt als Cafeteria dient. Während des Wiederaufbaus finden sich dort im Bauschutt eines Nebenraums uralte Grabplatten, darunter die des Klostergründers Graf Berthold von Hohenberg, die seit Jahrhunderten verschollen war. Bevor Graf Berthold aber seinen heutigen Platz im Foyer der Musikhochschule einnehmen kann, geht der kostbare Fund im Eifer der Bauarbeiten prompt erneut verloren – erst 1994 taucht er wieder auf, unter einem Gestrüpp auf dem Klostergelände.

Erst 1978 entschließt man sich zum Wiederaufbau, um neue Räume für die Musikhochschule Karlsruhe zu schaffen. Geplant und geleitet wird das diffizile Projekt von der späteren Präsidentin der Bundesbaudirektion Barbara Jakubeit. Die Grundsatzfrage ist, ob der Renaissancebau in seiner ursprünglichen Form wiederhergestellt werden soll, was aus Baubefunden der Ruine möglich wäre, oder der Zustand von vor 1944. Das Bauwerk, so Jakubeit, solle dessen »ganze Geschichte« widerspiegeln. So werden beim Wiederaufbau Symmetrie und Geschoss-

Schloss Ettlingen: *Witwensitz einer großen Dame*

Zwanzig Jahre lang regiert eine Frau die Markgrafschaft Baden-Baden: Franziska Sibylla Augusta, die Witwe des »Türkenlouis«, des Markgrafen Ludwig Wilhelm von Baden. 1727 gibt die Tochter des Herzogs von Sachsen-Lauenburg die Regierungsgeschäfte an ihren Sohn Ludwig Georg ab. Als Witwensitz wählt sie das von französischen Truppen schwer beschädigte Ettlinger Schloss, wo ihr Sohn mitten im Krieg geboren und vor der zerstörten Stifts-kirche unter freiem Himmel getauft wurde.

Vermutlich schon seit der Stadter-hebung Ettlingens 1192 durch Kaiser Heinrich VI. stand hier eine mittelal-terliche Burg. Als Baden 1535 unter den Brüdern Ernst und Bernhard auf-geteilt wird, bekommt diese – so nahe

Prachtvoller Stuck und Illusionsmalerei schmücken den Innenhof.

Ettlingen   73

Der Witwensitz der Markgräfin Sibylla Augusta von Baden-Baden

an der Grenze zu den nicht immer brüderlich-freundlichen Markgrafen von Baden-Durlach – unerwartete Bedeutung. Die Jahreszahl 1546 in einem der Rundtürme weist auf Umbau oder Erweiterungsarbeiten durch die Markgrafen von Baden-Baden hin. 1557 aber brennt die Burg ab. Zwanzig Jahre dauert danach der Wiederaufbau als dreiflügeliges Renaissanceschloss, das sich unter anderem mit den Arkaden des Westflügels an der etwa gleichzeitig errichteten Baden-Badener Residenz orientiert. Im Pfälzischen Erbfolgekrieg wird das Schloss 1689 von Truppen Ludwigs XIV. erneut niedergebrannt.

Vierzig Jahre später baut Sibylla Augustas böhmischer Baumeister Johann Michael Ludwig Rohrer auf den erhaltenen Resten auf. Er behält dabei den Südflügel mit den charakteristischen Rundtürmen bei und schließt den Hof durch einen vierten Flügel. Im sonst blütenweißen Schlosshof künden rote Buckelquader vom mittelalterlichen Burgturm, dessen Obergeschoss abgetragen wird. Davor steht heute eine Kopie des berühmten Delphinbrunnens von Johannes Schoch, dem Baumeister des Heidelberger Friedrichsbaus. Das Original aus dem Jahr 1612 wird im Schloss aufbewahrt.

Die Dekoration stammt überwiegend von zwei vom Ludwigsburger Schloss bekannten Künstlern: die prachtvolle Illusionsmalerei der Fas-

Antwort

Silberburg-Verlag GmbH

Schönbuchstraße 48
D-72074 Tübingen

Absender (bitte gut lesbar schreiben):

Name

Straße

PLZ   Ort

Beruf   Alter

Für Silberburg-Bücher interessiert sich auch:

Wir sind neugierig ...

... was Sie von dem Buch halten, dem Sie diese Karte entnommen haben.

Titel des Buchs

Wie wurden Sie auf das Buch aufmerksam?

Bitte schreiben Sie uns ganz offen Ihre Meinung. Sie ist wichtig für unsere weitere Verlagsarbeit.

Der Silberburg-Verlag hat sich auf Baden-Württemberg spezialisiert. Haben Sie Ideen oder Vorschläge zu Buchthemen?

... Sie auch?

Tragen Sie einfach umseitig Ihre Anschrift ein. Gerne senden wir Ihnen dann Informationen zu unseren Neuerscheinungen.

Im Silberburg-Verlag erscheint »**Schönes Schwaben**« – die farbige Monats-zeitschrift zu Kultur, Geschichte, Landeskunde. Informativ und unterhaltsam, aktuell und zeitlos. Mit traumhaft schönen Fotos und interessanten Artikeln von kompetenten Autoren. Das Magazin, in dem auch schwäbische Mundart gepflegt wird. Sollen wir Ihnen einmalig ein kostenloses Probeheft senden?

☐ Ja   ☐ Nein

sade von Luca Antonio Colomba, das Portal mit dem Allianzwappen Baden-Baden und Sachsen-Lauenburg vom Stuckateur Riccardo Retti.

Der letzte Asam am Oberrhein

Ein einzigartiges Kleinod lässt die fromme Markgräfin in der Schlosskapelle erstehen. Für ihr Deckengemälde gewinnt sie keinen Geringeren als Cosmas Damian Asam, der zu dieser Zeit für Sibylla Augustas Vertrauten Kardinal Schönborn am Bruchsaler Schloss arbeitet. Als Motiv wählt sie ihren böhmischen Landsmann, den 1729 heilig gesprochenen Märtyrer Johannes Nepomuk. Im Juli 1732 erteilt die bereits schwer kranke Markgräfin

dem Künstler detaillierte Anweisungen für das Deckengemälde und setzt ihm einen mörderischen Zeitplan zur Fertigstellung.

Binnen zehn Wochen vollendet Asam seine dramatische Schilderung von Leben und Sterben des Heiligen, das der Augsburger Kupferstecher Andreas Pfeffel 1725 dargestellt hat. Ausgehend von dessen Bildmotiven verleiht Asam seinen Figuren aber individuelle Gesichtszüge: So finden wir bei der Anbetung des verstorbenen Märtyrers Sibylla Augusta mit ihrem charakteristischen Witwenschleier, ihren jüngsten Sohn August Georg im Priestergewand und über ihm, an eine Säule gelehnt, Asam im Selbstportrait. Als Erinnerung an den verstorbenen

Unter Cosmas Damian Asams kostbarem Deckengemälde, 1732 entstanden, wurden einst Soldatenstiefel gelagert.

Markgrafen Ludwig Wilhelm, den Sieger der Türkenkriege, tragen die böhmischen Folter- und Henkersknechte osmanische Turbane und Waffen.

Dank Asams professioneller »Akkordarbeit« ist Sibylla Augusta die Vollendung ihres letzten Projekts noch vor ihrem Tod im Juli 1733 vergönnt.

Ein Kleinod zwischen Militärstiefeln

Sibylla Augustas Witwensitz versinkt in der Bedeutungslosigkeit, als ihre Söhne ohne männliche Nachkommen sterben und die katholische

Schöner als das Original im Museum:
die Kopie des kostbaren
Delphinbrunnens im Schlosshof

Markgrafschaft Baden-Baden 1771 an die evangelische Linie Baden-Durlach fällt.

1809 wird die Kapelle geschlossen und ihr Inventar verkauft, das Schloss dient ab 1812 als Militärhospital und Uniformarsenal und von 1871 bis 1912 als Königlich Preußische Unteroffiziersschule. Colombas Fresken im Rittersaal werden in dieser Zeit zerstört. Überlegungen, die Kapelle abzureißen, scheitern zum Glück an preußischer Sparsamkeit. Stattdessen wird der 17 Meter hohe Saal mit Zwischenböden zu einem dreistöckigen Bau umfunktioniert. Der heutige Asamsaal, ein Stockwerk über dem einstigen Kirchenraum, dient Fechtschülern als Paukboden, der Raum unter der Kuppel als Stiefellager. Abgesehen von schwarzen Bärten aus Stiefelwichse, die die Soldaten einigen Gesichtern aufmalen, bleibt Asams Deckenfresko relativ unversehrt. Schließlich gerät es in Vergessenheit. Erst in den 1920er-Jahren entdeckt ein aufmerksamer Kunsthistoriker im Generallandesarchiv Asams 200 Jahre alten Werkvertrag. Als bekannt wird, welche Kostbarkeit in der »Dachkammer« im Schloss schlummert, entsteht sogar eine »Bürgerinitiative«, die mit einer Lotterie das Geld für die Restaurierung des Asamgemäldes aufbringt. Allein: Im Jahr 1935 wird ein solches Projekt schnell als »unerwünscht« beerdigt.

Heute ist der Nepomuk-Zyklus im Ettlinger Schloss das einzige erhaltene Werk Cosmas Damian Asams am Oberrhein, nachdem seine Arbeiten in den Schlössern Mannheim und Bruchsal im Zweiten Weltkrieg zerstört wurden.

Markgräfin Sibylla Augusta und ihre Kinder – an der Säule daneben lehnt Cosmas Damian Asam höchstpersönlich.

Kulturelles Zentrum der Stadt

Den Zweiten Weltkrieg übersteht das Ettlinger Schloss unversehrt, in den Nachkriegsjahren ist es Flüchtlingsunterkunft, Schule und Behördenzentrum in einem, aber 1948 beginnt die Restauration der Schlosskapelle. Asams Fresken erwachen wieder zum Leben und der dreistöckige Raum wird zum Musiksaal umgebaut. Mit dem ersten Kammermusikabend im Mai 1955 beginnt im heutigen Asamsaal die Serie der »Ettlinger Schlosskonzerte« des Süddeutschen Rundfunks. Der Innenhof ist seit 1979 Schauplatz der Schlossfestspiele, und das in den 70er- und 80er-Jahren sorgsam restaurierte Schloss beherbergt drei Museen.

In den Kellergewölben präsentiert das Albgaumuseum Bodenfunde der Vorgeschichte und des frühen Mittelalters. Die Städtische Galerie zeigt regionale Kunst des 20. Jahrhunderts, vor allem aus dem Umkreis der Karlsruher Kunstakademie sowie den Nachlass des Bildhauers Karl Albiker. Als Zweigstelle des Stuttgarter Lindenmuseums ist in den stimmungsvollen Barockräumen der Beletage im Südflügel die Sammlung Ostasiatische Kunst untergebracht – ganz im Sinne der passionierten Sammlerin Sibylla Augusta.

Im Jahr 2008 feiert die Stadt Sibylla Augustas 275. Todestag und muss zugleich erneut über Millioneninvestitionen für Erhaltung und Modernisierung ihres Schlosses entscheiden.

Den »Türkenlouis« kennt in Baden jedes Schulkind: 1683 bis 1691 eilt Markgraf Ludwig Wilhelm von Baden mit Habsburgs Armee in Österreich und Ungarn von Sieg zu Sieg gegen die Türken. Als »Schild des Reiches« preist man ihn, nur sein Vetter Prinz Eugen überstrahlt ihn an Ruhm. Seine Markgrafschaft Baden-Baden – nicht größer als zwei moderne Landkreise – ist ein bisschen eng für den »Türkenlouis«, dessen Ehrgeiz weit darüber hinausgeht. Kurfürst möchte er gern werden, oder auch König von Polen. Seine Rastatter Residenz demonstriert den stolzen Anspruch, der nie erfüllt wird: Die erste Barockresidenz im Südwesten verwirklicht das Gesamtkonzept von Schloss, Garten und Stadt mit drei vom Schloss ausstrahlenden Straßenzügen nach dem Vorbild von Versailles, scheut aber auch Anlehnungen an die Wiener Architektur der Habsburger Kaiser nicht, denen der Rastatter Feldherr dient.

Bauen muss Ludwig Wilhelm ohnehin: Während er in Ungarn kämpft, verwüsten 1689 Truppen seines französischen Patenonkels Ludwig XIV. seine Markgrafschaft und sein Renaissanceschloss Baden-Baden. Zum Trost vermittelt Kaiser Leopold I. dem Markgrafen ohne festen Wohnsitz eine einträgliche Ehe mit der Erbin des verstorbenen Herzogs von Sachsen-Lauenburg. Bei der Brautwerbung auf dem böhmischen Schloss Schlackenwerth (Ostrov) bei Karlsbad heiratet der eigenwillige Ludwig Wilhelm allerdings gegen alle Absprachen die jüngere der beiden Schwestern, die 15-jährige Franziska Sibylla Augusta, die eigentlich Prinz Eugen zugedacht war.

Am Rand des zerstörten Dorfs Rastatt lässt er 1697 vom italienischen Architekten Domenico Egidio Rossi ein Jagdschloss bauen; zwei Jahre später beschließt er, daraus stattdessen seine neue Residenz zu machen. Rossi, der schon mit der Innenausstattung des fast vollendeten Jagdschlosses beschäftigt ist, erhöht die bereits stehenden Seitenflügel auf zwei Stockwerke und

Nackte Tatsachen über dem Schlossportal

Das Schloss des Türkenlouis – die älteste Barockresidenz am Oberrhein

setzt dazwischen den neuen dreistöckigen Hauptbau. Sein Bauherr treibt ihn zu höchster Eile, also baut Rossi mit Backsteinmauerwerk, das rosa verputzt wird, um repräsentativen Sandstein vorzutäuschen. Äußerlich wirkt das gewaltige Bauwerk mit der strengen Fassade wenig einladend: Die Pflasterwüste des Ehrenhofs schottet sich durch Terrassen von der Stadt ab und ist von dort nur über eine Rampe zugänglich. Als blanke Herausforderung ist das Schloss über die Stadt hinweg frontal auf das französische Fort Louis am anderen Rheinufer ausgerichtet. Ihm schleudert der vergoldete Jupiter vom Laternenturm auf dem Dach seine Blitze entgegen.

Im Inneren inszeniert Rossi in Stuck, Reliefs und Malerei die Herrlichkeit seines Fürsten und stellt ihn neben Feldherren wie Cäsar oder Wallenstein. Die kunstvoll durchbrochenen Gewölbe der beiden Treppenhäuser, die zu den großartigsten des deutschen Barock gezählt werden, lenken den Blick aus dem dunklen Vestibül zu den prachtvollen Deckengemälden im dritten Stock empor.

Mittelpunkt des Schlosses ist der zweistöckige, reich mit Stuck dekorierte Ahnensaal. Beklemmend realistische Plastiken osmanischer Kriegsgefangener tragen scheinbar die Decke, deren zentrales Gemälde die Aufnahme des Herkules – Ludwig Wilhelms – in den Olymp verherrlicht.

Im Obergeschoss befinden sich auch das Audienzzimmer mit dem Thron und das Prunkschlafzimmer des Markgrafen als Höhepunkt höfischen Zeremoniells nach Art des französischen Sonnenkönigs. Eine Kostbarkeit in der Beletage sind die Appartements der Markgräfin: Die von Rossis italienischen Künstlern mit illusionistischer Architekturmalerei dekorierten Decken gehören zu den schönsten in Deutschland.

Residenz in zarter Hand

Der Bauherr des Rastatter Schlosses erlebt dessen Fertigstellung nicht – am 4. Januar 1707 stirbt der »Türkenlouis« an den Folgen einer Kriegsverletzung. Die nächsten 20 Jahre führt Sibylla Augusta die Regierungsgeschäfte für ihre unmündigen Söhne. Sie saniert die Markgrafschaft, die vom Krieg verwüstet, lange vernachlässigt und finanziell ausgeblutet ist. Zwölf Millionen Gulden aus Sibylla Augustas böhmischer Erbschaft soll allein der

Hohn und Spott ergoss sich über Rastatt, als bei der Restaurierung nach dem Krieg die originale rosarote Bemalung der Schlossfassade entdeckt und wiederhergestellt wurde.

Schlossbau verschlungen haben. Die Witwe tilgt die Schulden aus Einkünften ihrer böhmischen Güter, verkauft dafür sogar persönliche Erbstücke und entlässt den teuren Architekten Rossi und seine italienischen Künstler.

Im Mai 1707 flüchtet die Markgräfin mit ihren Kindern vor heranrückenden französischen Truppen gegen alle Beschwörungen ihrer Berater nicht in ihre böhmische Heimat, sondern ins nahe Ettlingen, um in ihrem Land präsent zu bleiben. Das Schlossinventar bringt sie in Baden-Baden und Ettlingen in Sicherheit.

1714 wird im Schreibkabinett des Rastatter Schlosses Geschichte geschrieben: Hier unterzeichnen Prinz Eugen und der französische Feldmarschall Villars den Rastatter Frieden, der den Spanischen Erbfolgekrieg beendet. Erst danach kann Sibylla Augustas neuer böhmischer Hofarchitekt Johann Michael Ludwig Rohrer das Schloss vollenden. Allerdings werden bereits in den 1720er-Jahren Reparaturen nötig, nachdem Rastatt mehrfach von schweren Erdbeben erschüttert wird – vielleicht ist auch »Pfusch am Bau« im Spiel.

»Extra schön«

Von einer Pilgerreise nach Rom bringt die tief katholische Regentin 1719 die Idee für ihre Schlosskirche mit, die ihr enger Vertrauter Kardinal Damian Hugo von Schönborn nach nur drei Jahren Bauzeit 1723 einweiht. Nach der Gepflogenheit frommer Bauherrn des Barock, sich mit Kopien heiliger Stätten zu umgeben, lässt Sibylla Augusta

Sibylla Augustas Schlosskapelle, zerbrechliches Kleinod des Barock. Unter dem Kreuz an der Decke kniet die Markgräfin selbst mit dem unverkennbaren Witwenschleier.

eine »Heilige Stiege« nach dem Vorbild der Scala Santa im Lateran in Rom zwischen der Kirche und ihren Appartements errichten. »Extra schön« soll die Kirche werden, schreibt die Markgräfin ihren Künstlern: Architekturmaler Johann Hiebel aus Ottobeuren, Franz Pfleger aus Schlackenwerth und Oswald Onghers aus Holland. Sie schaffen eine ganz auf die Regentin zugeschnittene Ausstattung mit politischer Botschaft. So wie sich ihr Gemahl im Schloss als Herkules im Olymp präsentiert, zeigt Hiebels Deckengemälde in der Kirche die Wiederentdeckung des Kreuzes Christi durch die heilige Helena, die

Der Ahnensaal – geschichtsträchtiges Prunkstück im Rastatter Schloss

Mutter Konstantins des Großen, mit Gesichtszügen und Witwentracht Sibylla Augustas.

Eine Besonderheit der vermutlich nach böhmischen Vorbildern geschaffenen Dekoration sind 28 großflächige, reich bestickte Stoffbahnen. Sie sind auf Holzrahmen gespannt, die leicht an- und abzumontieren sind, und schmücken den Innenraum passend zu den Festen des Kirchenjahrs. Die Gobelins aus japanischer Seide bestickt die Regentin mit ihren Hofdamen persönlich. Seit ihrem Tod 1733 ruht Sibylla Augusta unter einer Bodenplatte am Eingang der Schlosskirche.

Das Ende der Residenz

Die Söhne des Türkenlouis, die das Schloss in ihrer Regierungszeit noch im Stil des Rokoko ausschmücken lassen, sterben ohne männliche Nachkommen – damit fällt die katholische Markgrafschaft Baden-Baden 1771 an die evangelische Linie Baden-Durlach in Karlsruhe. Vor seinem Tod sichert August Georg im Erbvertrag allerdings noch die Religionsfreiheit seiner Untertanen.

Kaum ist er tot, wird das Rastatter Schloss leer geräumt. Teile des Inventars werden versteigert, Ludwig Wilhelms legendäre »Türkenbeute« kommt nach Karlsruhe, kostbare Erbstücke Sibylla Augustas tauchen 1995 bei einer markgräflichen Kunstauktion in Baden-Baden wieder auf, edle Gobelins verschimmeln 200 Jahre lang auf einem Dachboden. Allerdings hält sich der Karlsruher Hof immer wieder im Rastatter Schloss auf, bringt dort hochrangige Gäste unter und unterhält ein Hoftheater, das heute völlig verschwunden ist.

1797 rückt Rastatt noch einmal in den Blickpunkt der europäischen Politik. Napoleon Bonaparte eröffnet den Rastatter Friedenskongress – bejubelt von der Bevölkerung. Der Hohenloher Schriftsteller Karl Julius Weber erinnert sich, »dass ich drei Tage lang nicht aus dem Rastatter Schloss zu bringen war, bis ich Napoleon recht ins Auge gefasst hatte«. 17 Monate lang verhandeln Vertreter Frankreichs, Preußens und Österreichs über die Neuordnung Mitteleuropas, Baden schließt einen Separatfrieden mit Napoleon, zwischen den 97 Sitzungstagen vergnügt man sich in den Baden-Badener Thermen. 1799 wird der Friedenskongress vom neuerlichen Kriegsausbruch gesprengt und endet mit den nie restlos aufgeklärten Morden an zwei französischen Gesandten.

» In Rastatt ist die Festung ... «

... heißt es im Badnerlied. 1840 wird Rastatt zur Bundesfestung ausgebaut, das Schloss wird Kommandantur. Im Mai 1849 beginnt im Ehrenhof die Badische Revolution, als meuternde Soldaten unter schwarz-rot-goldenen Fahnen aufmarschieren. Das Schloss wird Hauptquartier der Aufrührer, unter ihnen der spätere amerikanische Innenminister Carl Schurz. In seinen Erinnerungen beschreibt er respektlos seinen Eindruck von des Türkenlouis' Selbstverherrlichung im Ahnensaal: »Eine allegorische Darstellung, in welcher wahrscheinlich irgendein Zähringer, ein Vorfahr der badischen Fürstenfamilie, als Jupiter, Mars, oder Apollo figurierte. Der Gegenstand des Bildes zog mich daher nicht an.« Schurz entkommt aus der belagerten Festung, andere Revolutionäre werden nach ihrer Kapitulation im Ahnensaal vom preußischen Standgericht abgeurteilt. Ein Jahrhundert später wird der Ahnensaal erneut zum Tribunal: Von 1946 bis 1954 ist er Schauplatz des größten Kriegsverbrecherprozesses in der französischen Besatzungszone gegen 890 Angeklagte, darunter KZ-Kommandanten, Lagerpersonal, die Spitze der IG Farben und Richter des Volksgerichtshofs.

Seit 1956 ist im Schloss das Wehrgeschichtliche Museum untergebracht, seit 1974 auch die Erinnerungsstätte für die Freiheitsbewegungen in der deutschen Geschichte. Ende der 1960er-Jahre beginnt die systematische Restaurierung, bei der es darum geht, die weitgehend erhaltene Bausubstanz zu bewahren und die Innenausstattung zu rekonstruieren. Das Land hat dafür bisher über 20 Millionen Euro ausgegeben. Seit 1989 ist die Beletage wieder für Besucher zugänglich und der lange Jahre als Militärgelände genutzte Schlossgarten wurde neu gestaltet. 2006 hat die aufwändige Restaurierung der akut gefährdeten Schlosskirche begonnen.

Markgraf Ludwig Wilhelm, der Held der Türkenkriege. Sein Portrait hängt heute im Karlsruher Schloss.

»*E*xtra schön« wollte Markgräfin Sibylla Augusta ihre Schlosskirche in Rastatt haben, aber auf ihr Lustschloss Favorite trifft »extra schön« noch viel mehr zu. Nach Schwetzingen gilt es als das schönste seiner Art in Baden. 1710 verbringt die junge Witwe des »Türkenlouis« mit ihren Kindern ein paar ruhige Wochen in ihrer böhmischen Heimat Schlackenwerth, dem heutigen Ostrov. Sie beschließt: Ein Lustschlösschen wie dort möchte sie auch in Baden haben. Hofarchitekt Johann Michael Ludwig Rohrer bekommt den Auftrag zum Bau, sein junger böhmischer Landsmann Franz Pfleger entwirft die Innenausstattung. Den Baugrund hat Sibylla Augusta schon vor ihrer Flucht vor den Franzosen in Förch südlich von Rastatt gekauft und dort mit der Anlage eines Gartens begonnen.

Eingebettet in den ehemals barocken, später nach englischem Vorbild umgestalteten Landschaftsgarten, der direkt in Wälder und Wiesen der Umgebung übergeht, ist Schloss Favorite ein barockes Schmuckkästchen. Einen Schuss Rustikalität verleihen ihm mit Kieseln beworfene Fassadenteile, die heutzutage ein wenig an Waschbeton erinnern.

Südlich des Hauptbaus mit zwei leicht vorgeschobenen Seitenflügeln

erstrecken sich zwei langgestreckte Orangeriegebäude mit offenen Wandelgängen bis zu den Kavalierhäusern am Waldrand. Vom Garten auf der Nordseite führen zwei breite, elegant

Verträumt und verwunschen: Sibylla Augustas Porzellanschlösschen Favorite

geschwungene Freitreppen aus Sandstein direkt in den Gartensaal, das Herzstück des Schlosses.

Traumreise in die Vergangenheit

Überwältigend ist der Gartensaal, die »Sala Terrana«: Über Tausende blauer Fayencekacheln mit ungezählten Motiven, Pfeiler mit rotem Stuckmarmor und illusionistische Wandmalereien

schweift der Blick durch alle Stockwerke bis hinauf in die Dachlaterne.

Der Weg durch die Beletage mit ihrer faszinierenden Vielfalt unterschiedlichster Dekorationen führt zurück ins höfische Leben des frühen 18. Jahrhunderts, das hier wie in einem Bernsteintropfen konserviert ist. Wir verdanken das dem Umstand, dass Favorite seit dem Tod der Markgräfin und ihrer Söhne weitgehend unge-

Links: Das »Florentinerkabinett« – ein Juwel im Schatzkästlein Favorite
Rechts: Rauer Kieselbewurf gibt dem Landschloss einen Schuss Rustikalität. Über dem
Portal prangt das Allianzwappen des Herrscherpaars: Baden und Sachsen-Lauenburg.

nutzt leer steht. Die empfindlichen Böden aus Stuckmarmor hätten zwei Jahrhunderte trippelnder Füße ebenso wenig überlebt wie die zarten Gobelins 200 winterliche Heizperioden.

Ein Höhepunkt in den Appartements der Markgräfin und des Erbprinzen ist das berühmte Florentinerkabinett. Seine Wände zieren Hunderte kostbarer Bildtafeln aus »Commesso« oder »Pietra dura«, einer in Florenz entwickelten Steineinlegetechnik, die auch in Prag gepflegt wurde. Die Arbeiten sind so fein ausgeführt, dass sie selbst aus der Nähe betrachtet noch wie gemalt wirken. Weitere Höhepunkte sind das Spiegelkabinett mit über 300 Spiegeln sowie die 56 Kos-

tümbilder des Markgrafenpaars und seiner Kinder in verschiedensten Verkleidungen – als Sklaven in Ketten, orientalische Zauberer oder persische Magier –, Ausdruck der Vorliebe barocker Fürstenhöfe für Kostümbälle und Maskeraden. Zehn dieser kleinformatigen Gouachen sind 1945 aus Favorite verschwunden und 55 Jahre später im Kunsthandel wieder aufgetaucht.

Für Elefanten verboten ...

... aber ein Muss für Freunde des »weißen Goldes« ist die Porzellan- und Fayencesammlung der Markgräfin mit über 1500 Stücken. Sie zählt neben der von August dem Starken im Dresdner Zwinger zu den bedeutendsten Sammlungen dieser Art des frühen 18. Jahrhunderts in Europa. Die Ausstellung wurde völlig neu eingerichtet, nachdem das Land bei der Markgrafen-Kunstauktion 1995 in Baden-Baden knapp 100 erlesene Meißener Porzellane ersteigern konnte und so verhindert hat, dass die Sammlung auf dem Kunstmarkt in alle Welt verstreut wird.

In den zwölf so genannten »Monatszimmern« von Schloss Favorite sind die Sammlungsschwerpunkte zusammengestellt: vom blauweißen chinesischen Porzellan über rotes Steinzeug der holländischen Manufaktur Ary de Milde in Delft bis zu einzigartigen Werken, die unter Johann Friedrich Böttger, dem »Erfinder des europäischen Porzellans«, in Meißen gebrannt wurden. Dazu kommen Pokale und Tischgarnituren böhmischer Glasschleifer sowie eine einzigartige Vielfalt an Alabastergefäßen.

Die letzte Attraktion schließlich ist die Prunkküche im Erdgeschoss, die von je her als Repräsentationsraum und nicht als Küche gedient hat. Hier und in den Nebenräumen stehen Fayencen früher europäischer Manufakturen wie Hanau, Durlach, Straßburg und Delft.

Als Gegensatz zur barocken Pracht ihres Porzellanschlösschens lässt sich die fromme Sibylla Augusta 1717 von Hofarchitekt Rohrer eine achteckige Eremitage als Ort geistiger Einkehr und Buße errichten. Umgeben von schlichten Wohnkabinetten steht in ihrem Zentrum die Magdalenenkapelle mit Wachsfiguren und Leidenswerkzeugen.

Oben: Nur einen Steinwurf vom Lustschloss entfernt hat die fromme Markgräfin ihre Büßerkapelle eingerichtet.
Unten: Verliebt ins Detail

E ine malerische Ruine macht heute den Battert-Felsen bei Baden-Baden zum beliebten Ausflugsziel für Wanderer und Spaziergänger, die die herrliche Aussicht und das Flair des 900 Jahre alten Stammsitzes der Markgrafen von Baden genießen wollen. Die Nachkommen Hermanns I., der von seinem Vater den Titel eines »Markgrafen von Verona« geerbt hatte, errichten im frühen 12. Jahrhundert die Burg Hohenbaden, nach der sie sich künftig »Markgrafen von Baden« nennen. Im 14. Jahrhundert beginnen sie mit dem Bau des Neuen Schlosses näher an der Stadt Baden-Baden. 1599 brennt das »Alte Schloss« ab. Erst im 19. Jahrhundert erkennt man seine touristische Bedeutung für die »Sommerhauptstadt Europas« und lässt die Ruine sichern und der Öffentlichkeit zugänglich machen. Heute lädt sie mit Terrasse, Gastronomie und Fremdenzimmern zum Verweilen ein.

Ganz anders das »Neue Schloss«: Seit Jahrzehnten ist es nur von außen zu bewundern. Umso mehr Gerüchte ranken sich um das, was im Inneren vorgehen könnte. Nachdem ein deutscher Investor mit Plänen für ein Luxushotel gescheitert ist, hat es im Oktober 2003 eine kuwaitische Hotel-

gruppe für eine nicht genannte Summe gekauft. »Ich freue mich, dass meine Familie dazu beitragen kann, ein so wichtiges Kulturdenkmal in Deutschland für die Nachwelt zu erhalten«, so

Beliebtes Ausflugsziel in der grünen Hölle bei Baden-Baden: das Alte Schloss, Stammsitz der Markgrafen von Baden

ihr Präsident Mubarak Abdul-Aziz Al-Hassawi. 18 Millionen Euro solle die Sanierung und 60 bis 80 Millionen die geplante Hotelanlage kosten. Danach rührt sich wenig: Der verwilderte Park wird hergerichtet, die größten Gebäudeschäden beseitigt und das Kavaliershaus renoviert. Pläne für zehn bis zu 19 Meter hohe »Stadtvillen« im Park stoßen prompt auf Widerstand. Denkmalschützer und traditionsbewusste

Bürger fürchten um das historische Stadtbild und um die Thermalquellen unterhalb des Schlosses.

Dieser zweite Stammsitz der Markgrafen von Baden liegt über der Stadt auf einem Plateau, das mit seinen mächtigen Stützmauern schon in prähistorischer Zeit angelegt worden sein soll. Von der 1388 erstmals erwähnten gotischen Burg sind ein zweigeschossiger Keller unter dem Hauptbau und

Dornröschenschlaf mit ungewissem Erwachen – das Neue Schloss über Baden-Baden

ein halbrunder Eckturm im Schlossgarten erhalten

Ende des 15. Jahrhunderts lässt Markgraf Christoph I. die Burg zur Residenz ausbauen. Er ist auch Stifter der berühmten Markgrafentafel des Hans Baldung (Grien), die in der Karlsruher Kunsthalle zu besichtigen ist und dem Land Baden-Württemberg 2006 eine großartige Blamage beschert: Man verhandelt mit der Markgrafenfamilie über den Ankauf des kostbaren Werks und übersieht dabei völlig, dass es bereits seit 1930 staatliches Eigentum ist.

Schulden und Intrigen

Nach Markgraf Christophs Tod teilen seine Söhne 1535 die Erbschaft unter sich auf, es entstehen die Linien Baden-Baden und Baden-Durlach, die sich fortan gar nicht brüderlich gegenüberstehen. Am Neuen Schloss wird zunächst eifrig weiter gebaut. Philipp II. lässt es teilweise abtragen und von 1573 bis 1576 vom Münchener Baumeister Kaspar Weinhart das neue Wohnhaus samt Prunkbad im Keller und Küchentrakt im Stil der späten Renaissance errichten, dazu das Remisengebäude an der Südseite mit der Orangerie hoch über der Stadt. Den großen Festsaal schmücken Bilder des Straßburger Malers Tobias Stimmer.

Bei seinem frühen Tod 1588 hinterlässt Philipp einen Schuldenberg von 200 000 Gulden. Erbe ist sein Vetter Eduard Fortunat aus der Nebenlinie Baden-Rodemachern. Schulden hat der in London geborene Lebemann ohnehin schon genug und so versucht er, die Markgrafschaft an das Handelshaus Fugger zu veräußern – willkommener Anlass für die Durlacher Verwandtschaft, 1594 als »Zwangsverwalter« selbst die Hand auf das Erbe zu legen. Der Legende nach zieht sich Eduard Fortunat mit zwei italienischen Alchimisten auf die Yburg bei Baden-Baden zurück und beauftragt seine Kumpane, nachdem sie am Goldmachen scheitern, seinen Widersacher Markgraf Ernst Friedrich zu vergiften, was ebenfalls misslingt. Angeblich werden die glücklosen »Killer« zuletzt in Durlach geviertelt. Eduard Fortunat bricht sich 1604 auf seinem sponheimischen Schloss Kastellaun bei einem Treppensturz den Hals.

Weil Fortunats Söhne einer nicht standesgemäßen Ehe entstammen, beanspruchen die Durlacher Baden-Baden weiter für sich. Erst 1622 tritt Fortunats Sohn Wilhelm sein Erbe an. Seine Herrschaft wird berüchtigt durch eine Welle von Hexenprozessen, die von 1626 bis 1631 über 230 Menschen das Leben kosten.

Von der Residenz zum »Lagerhaus der Geschichte«

Im Baden-Badener Schloss, das Erbprinz Ferdinand Maximilian noch durch ein Prachtbad im Erdgeschoss und die Schlossterrasse im Süden verschönert, wächst Ludwig Wilhelm, der »Türkenlouis«, auf. Während der junge Markgraf in den Türkenkriegen kämpft, stecken Truppen seines Taufpaten Ludwig XIV. 1689 das Neue Schloss in Brand. Das Wohngebäude aus dem 14. Jahrhundert verliert dabei zwei Geschosse und ist nur als »Kavaliershaus« im Hof erhalten. Die Innenausstattung verbrennt bis auf einige Räume im Erdgeschoss und das Bad. Der Markgraf lässt das Schloss nur notdürftig sanieren, als moderner Barockfürst plant er bereits eine neue Residenz in Rastatt. Sein heutiges Aussehen mit den barocken Dachformen, dem Mittelgiebel am Hauptgebäude und den drachenförmigen Wasserspeiern verdankt das Baden-Badener Schloss Ludwig Wilhelms Gattin Sibylla Augusta und ihrer reichen Mitgift.

Als die katholische Linie der Markgrafen 1771 ausstirbt, fällt Baden-Baden endgültig an die Markgrafen von Baden-Durlach, die mittlerweile in Karlsruhe residieren und Baden-Baden, die »Sommerhauptstadt Europas«, als Feriensitz nutzen. Großherzog Leopold lässt das Schloss 1843 bis 1847

Jahrzehntelang verschollen, tauchten die Straßburger Glasmalereien aus dem frühen 14. Jahrhundert zur Auktion 1995 im Neuen Schloss wieder auf. Die ältesten Bildnisse der Markgrafenfamilie sind heute im Badischen Landesmuseum zu sehen.

nach Plänen des Architekten Friedrich Theodor Fischer restaurieren und im Stil des Historismus einrichten.

Nach dem Ende der Monarchie 1918 bleibt das Neue Schloss im Besitz der Familie. Letzte Bewohnerin ist Luise von Preußen, die Witwe Großherzog Friedrichs I. Nach ihrem Tod 1923 wird das Neue Schloss zeitweise zum Museum und steht zuletzt jahrzehntelang leer – allerdings nur menschenleer. Es wird zum Lagerhaus badischer Geschichte für in Jahrhunderten angesammelte Kunstschätze sowie das Inventar der verstaatlichten Schlösser, soweit es im Besitz der Fürstenfamilie bleibt. Denn mit Zustimmung der badischen Nationalversammlung wird zwischen den Markgrafen und dem Staat aufgeteilt, und zwar oft sehr summarisch: Was im linken Flügel der Schlösser steht, bekommt der Staat, alles im rechten die Markgrafenfamilie.

»Für Baden gerettet« – Kunst-Krimi im Neuen Schloss

1995 wachsen dem Haus Baden die Schulden über den Kopf. Schließlich lässt es seine Kunstschätze aus dem Neuen Schloss durch das Auktionshaus Sotheby's versteigern, dessen Geschäftsführer Christoph Graf Douglas ist, ein Nachkomme Großherzog Ludwigs I. Die Landesregierung könnte Schloss und Inventar – eine Schatzhöhle mit rund 25 000 Einzelobjekten – für 80 Millionen Mark übernehmen, macht aber nach koalitionspolitischen Querelen von ihrem Vorkaufsrecht keinen Gebrauch.

Dabei geht es keineswegs nur um »Fürsten-Nippes«, sondern auch um unschätzbare Kunstwerke wie die ältesten Glasmalereien aus Baden mit der ersten Darstellung der Markgrafen als Stifterfiguren. Unter Tand und Trödel tauchen verschollen geglaubte spätgotische Altartafeln des Dürer-Zeit-

Für 150 Gulden und fünf Fuder Wein schuf Bernhard Strigel 1508 den Salemer Marienaltar. Für zwölf Millionen Mark rettet das Land die verloren geglaubten Seitenflügel 1995 vor der Versteigerung. Der wieder vereinte Altar ist heute ein Höhepunkt des Badischen Landesmuseums.

genossen Bernhard Strigel auf, deren Mittelstück schon seit 1881 im Karlsruher Schloss steht – Preis: 12 Millionen Mark. Für ihren Ankauf wird ein Kabinettsbeschluss nötig.

In einem gemeinsamen Kraftakt von Land und Bund, Kulturstiftung der Länder und privaten Sponsoren werden schließlich für 40 Millionen Mark rund 500 Kunstwerke »für Baden gerettet«; so lautet auch der Titel der Ausstellung, in der sie das Badische Landesmuseum im Jahr darauf in Karlsruhe präsentiert.

Im Küchentrakt des Schlosses entdecken die Direktoren der Badischen

Landesbibliothek ungeahnte Schätze: etwa 40 000 Titel der Fürstenbibliothek, zum Teil verschmutzt und angeschimmelt. Für 2,5 Millionen Mark werden über tausend Kartons voller Bücher nach Karlsruhe gebracht.

Zu Sotheby's »Jahrhundert-Auktion« im Oktober 1995 reisen 60 000 Interessenten aus 29 Ländern nach Baden-Baden. Telefonisch bieten unter anderem das Getty-Museum und Modezar Gianni Versace mit, ein New Yorker Händler berichtet von Telefonkosten von einer Million Dollar. Der Radiosender SWF 3 ersteigert einen Elchkopf als Maskottchen.

Neuweier und der badische Bocksbeutel

Wenn in Sommernächten Mozartklänge der Baden-Badener Philharmonie aus dem Schlosshof über Neuweiers Weinberge aufsteigen, gibt das dem Riesling vielleicht noch eine besondere Note. Ein Pfahl im Fleisch fränkischer Bocksbeutel-Patrioten ist Baden-Badens Ortsteil Neuweier ohnehin: Weil Neuweiers Schlossherr Freiherr Philipp Franz von Knebel-Katzenelnbogen Ende des 18. Jahrhunderts seinen Riesling aus der Lage Mauerberg in Bocksbeutel abfüllte, dürfen dies die Winzer der Baden-Badener »Reblandgemeinden« bis heute. Schande macht das Weingut Schloss Neuweier mit seinen vielfach prämierten Rieslingen dem Bocksbeutel aber beileibe nicht – ebenso wenig wie das Schlossrestaurant der Baden-Badener Edel-Gastronomie. Es kann sich seit 2007 unter Küchenchef Armin Röttele mit einem der begehrten Michelin-Sterne schmücken.

Im bis heute erhaltenen Schlossarchiv sind Urkunden seit dem Jahr 1337 bewahrt. Aber die Geschichte von Schloss Neuweier, das sich heute als harmonisch gewachsene Mischung unterschiedlichster Baustile präsentiert, reicht noch weiter bis ins 13. Jahrhundert zurück: Unterhalb der Yburg errichten adelige Dienstmannen der Markgrafen von Baden im Tal des Steinbachs zwei wehrhafte Wasserburgen mit mächtigen Wohntürmen, deren Mauern über einen Meter dick sind. 1311 kaufen die Ritter Bach von Kappelwindeck das untere Schloss, nach dem Tod des letzten Ritters von Bach erben es 1538 die Schwiegersöhne von Cronberg und von Dalberg – deutscher Hochadel, Verwandte des kurpfälzischen Kanzlers und Bischofs von Worms Johann von Dalberg. 1548 lässt Philipp von Dalberg das Schloss zu einem vierflügeligen Renaissanceschloss umbauen und über seinem Wappen den schönen Satz einmeißeln: »Zeyt brengt Rosen.«

Als der letzte Neuweierer Dalberg ohne Söhne stirbt, erben 1615 erneut die Schwiegersöhne. Ab 1725 ist das Schloss in Alleinbesitz der rheinhessischen Adelsfamilie von Katzenelnbogen, die das baufällige obere Schloss abreißen und planieren lässt.

1783 verteidigt Freiherr Franz Philipp von Knebel-Katzenelnbogen Neuweier in einem Prozess vor dem Reichshofrat erfolgreich gegen Besitzansprüche des Markgrafen. Nach seinem Tod beginnt 1816 ein jahrelanger Streit unter den Erben. 1869 kauft die Baden-Badener Hoteliersdynastie Rössler das Schloss, lässt die im Pfälzischen Erbfolgekrieg zerstörten Flügel wieder errichten und das Schloss stilgerecht umbauen.

Seit 1992 gehört es Helmut und Gisela Joos. Der Architekt und die Geschäftsfrau aus Frankfurt haben es aufwändig saniert und die Weinberge rekultiviert.

Wo der badische Bocksbeutel herkommt: das Renaissanceschloss Neuweier, heute Weingut und Edelrestaurant inmitten seiner Weinberge

Durbach: *Wo Melusine mit dem Klingelberger anstößt*

Durbach gilt als »goldenes Weindorf« an der Badischen Weinstraße. An seinen sonnigen Steillagen wird auf verwitterten Granitböden, die die Rebwurzeln bis zu zwölf Meter in die Tiefe treiben, seit mindestens 700 Jahren Wein angebaut, und heutzutage finden Durbachs 80 hauptberufliche Winzerfamilien regelmäßig einen der Ihren unter den Besten in Deutschland.

In Durbachs »Weinschlössern« ist badische Weingeschichte geschrieben worden. Auf »Schloss Grohl«, das auf ein Wasserschloss im einst sumpfigen Talgrund zurückgeht und von dem nur noch der Keller im Ortszentrum erhalten ist, führt Freiherr Ernst Maximilian

Die Staufenberger Burgschenke ziert eine steinerne Sonnenuhr.

Zorn von Bulach in den 1830er-Jahren den Sauvignon Blanc ein – direkt vom Besitzer des weltberühmten Château d'Yquem. Die Straßburger Adelsfamilie Zorn von Bulach hat hier nachweislich schon seit 1381 Wein angebaut. Durch die Heirat von Maria del Consuelo Freiin Zorn von Bulach kommt das Weingut 1936 in den Besitz der Familie Wolff Metternich, die dem heutigen Weingut Graf Wolff Metternich den Namen gegeben hat.

Zu Durbachs Weinbaupionieren gehört Baron Hubert von Neveu, Mitbegründer und langjähriger Präsident des Badischen Weinbauverbandes nach dem Zweiten Weltkrieg. Auf dem ehemaligen »Bäuerlinshof« im Hespengrund ziehen die Freiherren von Neveu seit 1828 ihren Wein. Ihr Stammvater, Charles Neveu de la Folie aus dem französischen Anjou, zeichnet sich als Söldnerführer im Dienst der Habsburger aus, verliert deswegen seine Besitzungen in Frankreich und wird dafür vom Kaiser 1650 mit der Verwaltung der vorderösterreichischen Landvogtei Ortenau entschädigt. Stammsitz ist lange Zeit Windschläg. Erst der großherzogliche Kammerherr und Oberforstmeister Franz Anton Freiherr von Neveu aus Offenburg erwirbt 1828 das Gut im Hespengrund, das sich das elsässische Adelsgeschlecht von Ratsamhausen im 17. Jahrhundert eingerichtet hatte.

Wein bis vor die Haustür: das Schloss der Freiherren von Neveu bei Durbach

Durbach besitzt Weinraritäten

Hier finden sich einige der wenigen Anbauflächen für Savagnin Rose, einen Roten Traminer, der in der Ortenau Clevner genannt wird und Durbach den Spitznamen »Clevner-Dorf« eingebracht hat. Eingeführt hat ihn Markgraf Karl Friedrich, der 1782 am »Klingelberg« oben beim Schloss auch die ersten sortenreinen Riesling-Reben aus dem Rheingau anpflanzt, die erstmals auch sortenrein ausgebaut werden. Mit nur 2,5 Hektar ist der Klingelberg zwar zu klein, um im Weingesetz als Einzellage ausgewiesen zu werden, aber die Ortenauer Winzer dürfen ihren Riesling Klingelberger nennen und verbinden damit auch ein Qualitätsmerkmal. Er gilt als der älteste reinsortige Rieslingweinberg Badens und mit über 400 Metern Höhenlage auch als eine der höchstgelegenen Rieslingpflanzungen Deutschlands.

Von Durbach aus reformiert Markgraf Karl Friedrich im 18. Jahrhundert den badischen Weinbau. Denn im Mittelalter ist im Weinbau Qualität nicht gefragt, weder bei den Zehntherrn, die auf Masse drängen, noch bei den Winzern, die unter der Abgabenlast stöhnen. Bezeichnend ist der von 1561 bis 1646 dauernde Rechtsstreit, in dem sich die Durbacher Bauern dagegen wehren, zusätzlich zum weltlichen Zehnten an die Herrschaft Staufenberg noch den Zehnten an das Kloster Allerheiligen abführen zu müssen. Recht bekommen haben die Winzer nicht.

Die Heimat der Melusine und des Klingelbergers: Schloss Staufenberg hoch über dem Weindorf Durbach ist ein beliebtes Ausflugsziel.

Schloss Staufenberg und die Melusine

Dass Durbach im 14. Jahrhundert zu literarischen Ehren gelangt, verdankt es der schönen Geisterfrau Melusine, die heute als kleines Sandsteinrelief neben dem Eingang zur Weinstube zu bewundern ist. Um das Jahr 1310 verewigt der elsässische Dichter Egenolf von Staufenberg in seinen Versen die erschröckliche Geschichte seines Ahnherrn, des Ritters Peter Diemringer, dem im Wald die verführerische Sirene erscheint. Natürlich schwört ihr der Ritter sogleich ewige Treue, und selbstverständlich bricht er den Eid, als die Hand einer Königstochter winkt. Beim Hochzeitsmahl aber stößt der elfenbeinbleiche Fuß der erzürnten Melusine durch die Decke des Festsaals und unser Ritter stirbt in unsäglichem Grauen. Die Sage wird 1483 von dem berühmten Straß-

burger Buchdrucker Johannes Prüss als kostbares Holzschnittbuch gedruckt und gilt als literarische Vorlage für die »Undine« der Romantik.

So alt wie Melusine und der Weinbau in Durbach ist auch die Geschichte von Schloss Staufenberg, das hoch über dem Dorf thront. Durbach gehört bis 1132 den »Grafen von Stouffenberg«, deren Wappenzeichen, der Kelch, das heutige Gemeindewappen ziert. Sie errichten im 11. Jahrhundert im Dienst der Zähringer Herzöge, der damaligen Herren der Gaugrafschaft Mortenau, eine mittelalterliche Festung, von der heute aber nichts mehr erhalten ist außer Resten der Ringmauer aus dem 13. und 14. Jahrhundert. Die Burg fällt nach 1218 an die Grafen von Urach-Freiburg und später über die Ebersteiner an die Markgrafen von Baden. Im 14. Jahrhundert werden Burg und Dorf zweimal von Truppen des Bischofs von Straßburg belagert und zerstört. Hintergrund ist eine blutige Fehde: Angeblich erschlägt Reinbold von Staufenberg den Neffen des Straßburger Bischofs, Hermann Waldner, und wird fünf Jahre später selbst von Verwandten Waldners ermordet.

Im Dreißigjährigen Krieg wird Staufenberg von Schweden verwüstet, der Neubau stürzt 1663 ein, 1689 wird das Schloss von französischen Truppen geplündert. Pläne, aus ihm eine französische Festung zu machen, scheitern am Wassermangel. Die lange Zeit einzige Wasserversorgung des Schlosses, der einst über 46 Meter tiefe »Kindlesbrun-

nen« mit dem riesigen Laufrad aus dem 18. Jahrhundert, ist bis heute erhalten. Großherzog Leopold von Baden kauft das Schloss 1832 als Privateigentum der markgräflichen Familie und lässt es umfassend sanieren, wobei Kapelle und zwei Burgmannenhäuser wegen Baufälligkeit abgerissen werden.

Heute ist Schloss Staufenberg ein beliebtes Ausflugsziel. Von seiner Sonnenterrasse auf einem Bergkegel in 383 Metern Höhe reicht der Blick bei guter Sicht über die malerischen Vorberge des Schwarzwalds und die Rheinebene bis zum Straßburger Münster. Dazu bietet es während des gesamten Jahres die Veranstaltungsreihe »Kultur im Schloss«.

In Schloss Staufenbergs Gewölben verkostet Gutsleiter Armin Kirchner den neuen Jahrgang direkt aus dem Eichenfass.

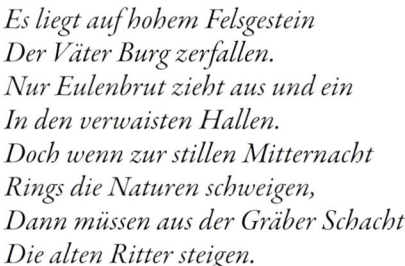

*Es liegt auf hohem Felsgestein
Der Väter Burg zerfallen.
Nur Eulenbrut zieht aus und ein
In den verwaisten Hallen.
Doch wenn zur stillen Mitternacht
Rings die Naturen schweigen,
Dann müssen aus der Gräber Schacht
Die alten Ritter steigen.*

Die alten Ritter, die Hans Brandeck 1904 in seinem Büchlein über Schloss Ortenberg begegnen, hausen wohl schon lang auf der wehrhaften Festung am Eingang des Kinzigtals, bevor sie im 13. Jahrhundert durch Händel staufischer Landvögte mit dem Kloster Gengenbach aktenkundig wird. Nach dem Sturz der Staufer erobert Straßburgs Bischof Heinrich III. von Stahleck 1247 Burg Ortenberg und erwirbt die alten Besitzrechte der Bischöfe von Bamberg in der Ortenau. Rudolf von Habsburg, der 1273 deutscher König wird, macht Ortenberg zum Zentrum der königlichen Herrschaft in der Ortenau. Danach ist der »Stein zu Ortenberg« jahrhundertelang Zankapfel zwischen den Bischöfen von Straßburg, den Grafen von Fürstenberg, den Markgrafen von Baden, den Wittelsbacher Pfalzgrafen und den Habsburgern. So sitzen im 15. Jahrhundert pfälzische und straßburgische Amtleute gemeinsam auf der »Veste Ortenberg« – mit strikter Anweisung, den Burgfrieden zu wahren. Die offensichtlich dominierenden Pfälzer lassen die Burg im 15. Jahrhundert erheblich verstärken und vermutlich auch ihre Türme errichten. »Moderner« Kriegstechnik ist sie dennoch nicht gewachsen, wird 1504 im Landshuter Erbfolgekrieg von König Maximilian I. erobert und bald zur Deckung hoher Kriegsschulden an die Grafen von Fürstenberg verpfändet.

Im 16. Jahrhundert haust der »wilde Graf« Wilhelm von Fürstenberg auf Ortenberg: ein Landsknechtführer, der seine Untertanen in den Kriegsdienst presst, berüchtigt ist für zügellosen Lebenswandel und wechselnde Loyalitäten, und schließlich unter kaiserlichem Haftbefehl seinen Lebensabend hier verbringt. 1556 verleibt sich Habsburg die Landvogtei Ortenau ein, fortan regieren vorderösterreichische Vögte auf Ortenberg. Unter ihnen erlangt die Burg in der Zeit des Hexenwahns traurige Berühmtheit mit der Einführung des »Hexenstuhls«, eines besonders perfiden Folterwerkzeugs. Bis in den Dreißigjährigen Krieg hinein brennen die Scheiterhaufen, über 400 Todesurteile werden vollstreckt. Von 31 Hinrichtungen allein im Jahr 1628 berichtet Franz Vollmer in seiner Geschichte der Burg.

1678 und 1697 sprengen französische Militärs die Burg. Die Ruine verfällt, bis auch sie im 19. Jahrhundert in den Blickpunkt romantischer Schwärmerei rückt und von Malern und Dichtern verewigt wird.

Schloss Ortenberg – eine der nobelsten Jugendherbergen Deutschlands

Wachgeküsst

Ihre Hoheiten machen den Anfang: Markgraf Friedrich von Baden in Gernsbach, Preußenprinz Friedrich Wilhelm in Stolzenfels bei Koblenz, Bayernkönig Ludwig in Hohenschwangau – uralte Burgruinen erblühen zu romantischen Schlössern. Der Prinz, der 1839 die Ruine Ortenberg wachküsst, ist Baron Gabriel Leonhard von Berckholtz, Spross einer hanseatischen Patrizierfamilie aus Riga, die durch den Ostseehandel wohlha-

bend, durch Heereslieferungen in den Franzosenkriegen seit 1789 steinreich geworden ist. 1830 zieht er mit seiner Familie nach Karlsruhe, kurz bevor der badische Großherzog »das herrschaftliche Ortenberger Schlossrebgut« zur Versteigerung ausschreibt. Für 7700 Gulden bekommt Berckholtz den Zuschlag.

Für sein Schlossprojekt beauftragt der anspruchsvolle Bauherr den vielseitigen Karlsruher Star-Architekten Friedrich Eisenlohr, den Mann, der Badens Bahnhöfe plant und der Schwarz-

Rad- und Wandertouren passieren das Wahrzeichen der Ortenau und seine alten Weinberge.

wälder Kuckucksuhr ihre typische Form gibt: die eines Bahnwärterhäuschens. Wie aus einer Burgruine ein neugotisches Schloss wird, hat er bei seinem Lehrmeister Friedrich Weinbrenner gelernt, der 1803 für den Markgrafen Schloss Eberstein bei Gernsbach gebaut hat. So wächst aus der Ruine Ortenberg das heutige Schloss Ortenberg empor, das Wahrzeichen der Ortenau.

Die wehrhafte Ringmauer mit ihren massiven Stützpfeilern über den Weinbergen bleibt erhalten, ebenso die Fundamente der Türme. Zinnengekrönt thront dahinter der Neubau des neugotischen Wohngebäudes mit seinen achtseitigen Ecktürmen. Sie überragen

selbst den historischen »Schimmel«, nach mittelalterlichem Sprachgebrauch der höchste Turm der Burg, dessen meterdicke Grundmauern einen achteckigen Aufbau bekommen. Von alters her berüchtigt war das Verlies in seinem neun Meter tiefen Kellergewölbe, in das die Häftlinge über Seile hinabgelassen wurden.

Der einstige Batterieturm wird zur Schlosskapelle, und im runden Pulverturm der Burg richtet »Schlossfräulein« Alexandra von Berckholtz ihr Maleratelier ein. Aufsehen erregt Schloss Ortenberg bereits 1840 mit der feierlichen Illumination zum Geburtstag des Großherzogs.

Ein reicher Kaufmann aus Riga machte aus der Burgruine ein romantisches Schloss.

1872 verkauft der Erbe des Erbauers das Ortenberger Schloss an den französischen Baron Gustave de Bussierre, der so aufwändig Hof hält, dass schon 1889 die Pfändung ansteht. Für 240 000 Mark kauft der in Paris lebende Baron Theodor von Hirsch von Gereuth das Schloss mit seinen 8,5 Hektar Grund. Der Baron, der sich wie schon Berckholtz als Mäzen um Ortenberg verdient macht, ist jüdischer Abstammung und wird im Ersten Weltkrieg als französischer Spion verdächtigt, verhaftet, später jedoch rehabilitiert. Seine Nachkommen verkaufen das Schloss an den Reichsverband deutscher Jugendherbergen, der es zum Wehrertüchtigungslager der Hitlerjugend umfunktioniert. Im April 1945 wird das bereits von den Franzosen besetzte Schloss durch deutsche Flakgeschütze schwer beschädigt und in den folgenden Jahrzehnten schrittweise saniert. Im Hauptgebäude, der Unterburg, ist heute wieder eine Jugendherberge. Die Oberburg aber kann man besichtigen. Durch die Pforte des alten Batterieturms gleich neben dem Parkplatz geht es über eine breite Wendeltreppe hinauf auf den Zwinger, von dessen Mauer sich ein herrlicher Ausblick über das Rheintal auftut, und weiter aufwärts in den duftenden Rosengarten inmitten der historischen Anlage.

»Echt alt«: *Schloss Balthasar* im Europapark Rust

Viele der jährlich vier Millionen Besucher im Europapark Rust halten
Schloss Balthasar zunächst nur für eine
weitere gelungene Animation der Vergangenheit in Deutschlands größtem

Freizeitpark: ein originelles Restaurant
mit alemannischem Rittermahl samt
Zechwein, fahrenden Musikanten,
Gauklern, Mimen und Herolden. Tatsächlich aber ist die Balthasarburg mehr

als ein halbes Jahrtausend alt und eine der schönsten und besterhaltenen mittelalterlichen Wasserburgen der Ortenau.

Rusts erste Wasserburg ist vermutlich vor dem 15. Jahrhundert entstanden, vielleicht sogar auf Resten einer römischen Befestigung. 1525 wird sie im Bauernkrieg weitgehend zerstört. Auf ihren Resten baut Philipp von Böcklin 1577 das heutige Renaissanceschloss. Seine »Schokoladenseite« mit

dem achteckigen Treppenturm, die 1945 von Granaten beschädigt wurde, ist für Besucher leider nicht zugänglich, dieser Teil des Gebäudes ist bewohnt.

500 Jahre Böcklin in Rust

Das Fischerdorf Rust gehört vom 8. Jahrhundert an den Bischöfen von Straßburg, die es 1442 einer der mächtigsten elsässischen Familien, den Böcklin, als Lehen geben. Die Böcklin besitzen riesige Güter in rund 60 Orten beiderseits des Oberrheins, leben abwechselnd in Straßburg und auf ihren Schlössern in Rust, Kippenheim, Schmieheim oder Willstätt. 1513 erhalten sie für ihre Verdienste von Kaiser Maximilian I. den Namenszusatz »von Böcklinsau« und kommen damit dem begehrten Adelstitel näher. Sie unterstehen allein der höchsten Gerichtsbarkeit von Kaiser und Reichskammergericht und haben fast uneingeschränkte Rechte über Frondienst und Leibeigenschaft, Zölle, Steuern und Strafen. Über dem Portal des Treppenturms kündet eine lateinische Inschrift stolz von den Privilegien des Hauses: »Diese vornehme Burg, Balthasarburg genannt, erfreut sich aller Vorrechte.«

Die uneingeschränkte Macht der Gutsherren führt in Rust 200 Jahre nach den Bauernkriegen erneut zur Rebellion. 1747 verweigern die Bürger den Gehorsam, der Schlossherr ruft kaiserliche Husaren ins Dorf, »Rädelsführer« werden verhaftet, Bürgerbesitz

Schloss Balthasar und seine moderne »Wasserorgel«-Oase der Ruhe im turbulenten Vergnügungspark

beschlagnahmt. Die Ruster Frauen, bewaffnet mit Heugabeln, Prügeln und Steinen, sollen die Husaren schließlich aus dem Dorf vertrieben haben – zuletzt jedenfalls verläuft sich die Rebellion in einem jahrelangen Prozess beim Reichshofrat in Wien.

Der singende Gutsherr

Die Böcklins versuchen, auf ihren Gütern moderne Landwirtschaft und Verwaltung einzuführen, die sie mit zahlreichen Verordnungen bis ins Kleinste regeln. So werden ab 1763 nacheinander eine Bäcker-, Feuerlösch-, Fischerzunft-, Forst- und Judenordnung für Rust erlassen. Besonders tut sich dabei Reichsfreiherr Franz Friedrich Siegmund August von Böcklin hervor, dessen fortschrittliche Lehrbücher über Land- und Forstwirtschaft, aber auch Astrologie und Philosophie bis heute erhalten sind. Der Legende nach trägt der »Musikbaron« seinen Ruster Bauern seine aktuellen Anordnungen singend vor. In musiktheoretischen Werken dokumentiert der weitgereiste Universalgelehrte nicht nur die großen Künstler, die er in Wien, Salzburg und München kennenlernt. Detailliert beschreibt er die Musikszene im Breisgau und der Ortenau, an den Klöstern, Ritterhöfen und selbst in den Dörfern unter dem sehr modernen Motto: »Lieber keine Musik als eine ohne Charakter.« Seine »Beyträge zur Geschichte der Musik«

werden heute als regionale musikhistorische Quelle ersten Ranges an der Universität Freiburg aufbewahrt. Anders als seine Kompositionen, darunter ein halbes Dutzend Opern, mit denen der »singende Gutsherr« offenbar nicht reüssiert – sie gelten allesamt als verschollen.

Nicht nur das Renaissanceschloss ist im Original erhalten, auch der alte Baumbestand im einstigen Schlosspark.

Nach Gutsherrnart

Die politische Herrschaft der Böcklin von Böcklinsau in Rust endet 1806 mit dem Übergang an das Großherzogtum Baden, aber auch danach bleiben sie die größten Grundbesitzer am Ort. Die Leibeigenschaft wird im 19. Jahrhundert zwar abgeschafft, aber die Bauern verarmen zusehends. Nachdem die Familie Böcklin durch die Französische Revolution ihren Besitz im Elsass verloren hat, bewirtschaftet sie ihre rechtsrheinischen Güter verstärkt als Eigenbetrieb. Die bisherigen Pächter gehen leer aus, können sich

Links: Es ist angerichtet zum »alemannischen Rittermahl«. Rechts: Der Kaspar ersetzt die kostbaren Glasmalereien. Die Originale befinden sich heute in der Pfarrkirche Rust. Rechte Seite: Unter dem stolzen Bock des Böcklin'schen Wappens kündet die Inschrift von den Privilegien der Balthasarburg.

bestenfalls als Taglöhner beim Gutsherrn verdingen.

Als 18. und letzter Schlossherr aus dem Hause Böcklin »regiert« Ruprecht Ludwig Ernst Moritz 55 Jahre lang in Rust. Legendären Ruf genießen seine Jagdgesellschaften rund um die Balthasarburg mit hochrangigen Gästen aus Politik und Aristokratie, aber auch der »Single-Malt-Whisky« aus der Böcklin'schen Brennerei, für den das Malz eigens aus Schottland eingeführt wird. Der Baron stirbt 1955. Sein Sohn aus der Ehe mit der Erbin einer amerikanischen Kohledynastie

lebt in den USA und verkauft das Gut mitsamt dem Balthasarschloss an Graf Karl Wolff Metternich zu Gracht. 1977 erwirbt es Roland Mack, Sprössling einer Handwerkerfamilie, die im 18. Jahrhundert in Waldkirch, dem »Mekka der Drehorgel«, mit dem Bau von Postkutschen und hölzernen Wasserrohren begonnen und in den 1920er-Jahren ihre erste Achterbahn gebaut hatte. Seit der Gründer des Europaparks vom französischen Staatspräsidenten zum Ritter der Ehrenlegion ernannt wurde, hat die Balthasarburg auch wieder einen standesgemäßen Hausherren.

S eit dem 11. Jahrhundert ist Ettenheim Stützpunkt der Bischöfe von Straßburg, deren Vogt im »alten Schloss« residiert. 1560 errichtet Bischof Erasmus von Limburg das schlichte Renaissancegebäude, das die Zerstörung der Stadt 1637 durch schwedische Truppen weitgehend unbeschädigt übersteht. Erst mit Beginn des 18. Jahrhunderts widmen die Fürstbischöfe dann dem unbedeutenden Amtssitz in Ettenheim wieder ihre Aufmerksamkeit. Die Stadt erblüht im schönsten Barock und wird zur repräsentativen Nebenresidenz.

Die Baugeschichte der Stadtkirche Sankt Bartholomäus ist bezeichnend für die damals diffizilen Herrschaftsverhältnisse. Erst nach jahrelangem Streit über die Baupflicht lässt die Stadt Ettenheim vom Donaueschinger Baumeister Franz Josef Salzmann das Langhaus errichten, Chor und Turm gehen auf Rechnung des Klosters Ettenheimmünster, das mit den Zehntrechten auch die Baupflicht hat. In jener Zeit ist der Straßburger Bischofsstuhl fest in der Hand der bretonischen Adelsfamilie Rohan, einem der ersten Häuser der französischen Aristokratie. Bis heute verdient macht sich Kardinal Armand Gaston de Rohan, der den Untertanen des Amtes Oberkirch 1726 das Recht zum Brennen von Kirschen zum Eigengebrauch verleiht.

Der spektakulärste und letzte Rohan-Kardinal ist Prinz Louis René Édouard de Rohan-Guémené. Bevor er 1779 zum Bischof geweiht wird, macht er sich als Diplomat am Wiener Hof durch höchst undiplomatische Äußerungen über Kaiserin Maria Theresia diese ebenso zur Feindin wie ihre Tochter, Frankreichs Königin Marie

Auf den Spuren des unglücklichen Liebespaares: Im Vennemann'schen Haus am Nepomukbrunnen, wo heute italienisches Eis geleckt wird, lebte des Kardinals Nichte Charlotte.

Wo der Exil-Kardinal intrigierte, amtieren heute städtische Behörden.

Antoinette. Im Übereifer, die Gunst der Königin wieder zu gewinnen, verstrickt er sich in die berüchtigte »Halsbandaffäre«, die ihm einige Monate in den Verliesen der Bastille beschert, bis er 1786 in einem Sensationsprozess freigesprochen wird.

Bis dahin verschwendet der mondäne Kardinal keinen Gedanken an das beschauliche Ettenheim. Erst am 15. Juli 1789 beehrt er sein Ettenheimer Amtshaus mit einem Kurzbesuch – just einen Tag, nachdem der Sturm auf die Bastille die Französische Revolution eingeläutet hat. Gleichzeitig spitzen sich die Konflikte mit den Bürgern an seinem Wohnsitz im elsässischen Saverne zu. Ein Jahr später flieht der Kardinal ins Kloster Ettenheimmünster und lässt das Amtshaus in Ettenheim zum fürstbischöflichen Palais umbauen, ein Provisorium, das sich in keiner Weise mit der Pracht des Straßburger Palais Rohan messen kann und

Lauschiges Plätzchen fürs Tête-à-Tête mit der Kardinalsnichte: das Gartenhäuschen des Herzogs von Enghien

durch seine Schlichtheit auch in der Barockstadt Ettenheim ins Auge fällt.

1791 wird Ettenheim Sitz des Bischofs und Domkapitels von Straßburg. In der Stadt lesen Exilpriester täglich Dutzende von Messen. Ringsum sammeln sich königstreue Soldaten, Söldner und Deserteure in Vicomte Mirabeaus »Schwarzer Legion«, einer Vorgängerin der Fremdenlegion. Es kommt zu Übergriffen auf die Bevölkerung und Scharmützeln an der Rheingrenze, während Rohan im Amtshaus mit französischen Emigranten und preußischen Generälen konspiriert.

Besorgt beobachten die Vögte der benachbarten markgräflich-badischen Territorien das Kommen und Gehen vermeintlicher Attentäter, Spione und Provokateure. Der Kardinal fürchtet einen Anschlag, flieht ins Ausland und kehrt erst nach dem Frieden von Lunéville 1801 nach Ettenheim zurück. Im Folgejahr erlebt er noch die Übernahme seines Herrschaftsgebiets durch den badischen Markgrafen, im Februar 1803 stirbt Kardinal Rohan in Ettenheim. Um wenigstens einen Bruchteil seiner immensen Schulden zu decken, wird sein Nachlass versteigert. Dabei erwirbt Markgraf Karl Friedrich die kostbaren Tapisserien, die Rohan aus Saverne mitgebracht hat, für das Mannheimer Schloss. Zu Beginn des 19. Jahrhunderts gelten sie als verschollen, 1995 tauchen sie bei Sotheby's Markgrafenauktion in Baden-Baden wieder auf und kehren 2007 nach Mannheim zurück.

Im Vennemann'schen Haus in Ettenheim – dem heutigen Café Rohan – bleibt die Erbin des Kardinals zurück, seine Nichte Prinzessin Charlotte de Rohan-Rochefort. Ihr Onkel soll sie kurz vor seinem Tod mit ihrem Verehrer, dem königlichen Prinzen Louis Antoine Henri de Bourbon-Condé, Herzog von Enghien, vermählt haben, der zwischen seinen Feldzügen im Ichtratzheim'schen Haus unweit des Palais Rohan logiert. Die romantische und von der Familie des Bräutigams missbilligte Liebesgeschichte hat ein tragisches Ende, als im März 1804 in Paris ein royalistisches Mordkomplott gegen Napoleon aufgedeckt wird. Nach Geheimdienstinformationen soll der

Aus dem Ichtratzheim'schen Haus wurde Charlottes Geliebter, der Herzog von Enghien, 1804 von Napoleons Häschern verschleppt.

junge Herzog von Enghien in Ettenheim zum Putsch bereitstehen.

In einer Depesche informiert Außenminister Talleyrand den badischen Markgrafen von einem bevorstehenden Kommandounternehmen auf seinem Staatsgebiet in Ettenheim, um »Anstifter eines Verbrechens zu ergreifen, das die Beteiligten außerhalb des Völkerrechts stellt«. Karl Friedrich hat Napoleon viel zu verdanken und schweigt zur geplanten Aktion. In der Nacht zum 15. März umstellen Dragoner und Gendarmen aus Sélestat das Ichtratzheim'sche Haus. Statt des vom Geheimdienst avisierten britischen Spions Smith und des als Verräter gesuchten

Generals Dumouriez trifft man zwar nur den badischen Leutnant Schmidt und den harmlosen Marquis de Thumery an, aber der Herzog von Enghien wird nach Paris entführt, vom Kriegsgericht zum Tode verurteilt und am 20. März 1804 im Wald von Vincennes erschossen.

Kardinal Rohans bescheidenes Renaissance-Palais ist heute Sitz der Stadtverwaltung, einer seiner berühmten Gobelins schmückt den Sitzungssaal. In einem Barockrundgang auf den Spuren Rohans inszeniert die Stadt das Drama um den Kardinal, seine Nichte und ihren königlichen Geliebten bis hin zur Grablege des Kardinals in der spätbarocken Bartholomäuskirche.

Das Emmendinger Markgrafenschloss könnte einen Politkrimi aus dem Sommer 1590 erzählen, als Fürsten und Geistlichkeit in ganz Deutschland und bis Rom die Vorgänge in dem kleinen Ort gespannt und argwöhnisch beäugen. Die Hochburg, die als Badens mächtigste Burgruine nach Heidelberg über Emmendingen thront, spielt darin nur eine Nebenrolle. Sie ist Stammsitz der Markgrafen von Baden-Hachberg, einer Seitenlinie, die schon Anfang des 15. Jahrhunderts an die Stammlinie Baden zurückfällt. 1584 allerdings teilen die drei Söhne Markgraf Karls II. von Baden-Durlach das Erbe erneut auf: Ernst Friedrich, der älteste, erhält Durlach, Georg Friedrich, der jüngste, bekommt Rötteln-Sausenberg, und Jakob III. Hachberg.

Jakob erhebt den kleinen Marktflecken Emmendingen zu Füßen der Hochburg zu seiner neuen Residenzstadt. Mit der 16-jährigen Reichsgräfin Elisabeth von Cuilenburg heiratet er eine reiche Erbin. Zunächst lebt er auf der Festung, lässt aber in der Stadt den ehemaligen Hof des Klosters Tennenbach zu einem dreistöckigen Renaissance-Schloss mit einem hübschen achteckigen Treppenturm ausbauen.

Dort könnte die junge Familie zufrieden leben. Doch der streng protestantisch erzogene Markgraf sticht in ein Wespennest, als er nach dem Vorbild der großen Religionsgespräche der Vergangenheit 1589 zum Baden-Badener und ein Jahr später zum Emmen-

Wo einst die Theologen disputierten, genießen die Emmendinger die Frühlingssonne.

dinger Religionskolloquium einlädt. So wie einst Luther und Zwingli oder Melanchthon und Bucer in Marburg oder Regensburg diskutiert hatten, tritt vom 13. bis 17. Juni 1590 der streitbare Straßburger Lutheraner Johannes Pappus gegen Jacobs Hofprediger Johannes Zehender an, der hier bereits die katholische Sache vertritt, obwohl er erst später selbst konvertiert. Im Hintergrund wirkt Jakobs Berater Johannes Pistorius, Humanist, Arzt, Historiograph, Jurist und Theologe – eben erst katholisch geworden. Es kommt zu Unruhen unter den lutherischen Prädikanten im Lande, die um ihre Arbeitsplätze bangen, und Jakobs protestantische Brüder fürchten eine katholische Achse, die ihr Territorium von Hachberg bis Baden-Baden durchschneiden würde.

Am 15. Juli 1590 tritt Markgraf Jakob III. im Kloster Tennenbach zum katholischen Glauben über – als erster regierender evangelischer Fürst in Deutschland. Nach dem Grundsatz des Augsburger Religionsfriedens von

Markgrafenschloss und Stadtkirche – nicht immer ein Herz und eine Seele

1555 »cuius regio, eius religio« muss auch sein Herrschaftsgebiet wieder katholisch werden. In Rom hält Papst Sixtus V. eine Dankprozession, und die katholischen Bayernfürsten schicken Ornate und Reliquien zur neuerlichen Weihe der Hofkirche am 12. August. Unvermittelt jedoch erkrankt Markgraf Jakob und stirbt am 17. August im Alter von nur 28 Jahren.

Freiburger Medizinprofessoren wagen daraufhin etwas noch nicht Dagewesenes: Sie sezieren seinen Leichnam. Nach der Obduktion nennen sie als Todesursache eine Vergiftung durch Arsenik. In Emmendingen wird all dies verschwiegen und stattdessen verbreitet, der Markgraf habe zuviel Kirschen gegessen, Mineralien aus dem Wasser, das er bei einer Kur getrunken habe, hätten seine Magenwände durchstoßen ... oder er sei schlicht Gottes Strafe zum Opfer gefallen.

Umgehend macht Jakobs Bruder Ernst Friedrich von Baden-Durlach die Markgrafschaft Hachberg wieder lutherisch. Er nimmt auch Jakobs nachgeborenen Sohn Ernst Jakob in seine Obhut, der Säugling stirbt im Mai 1591. Bezeichnend für die Stimmung jener Zeit ist die Aussage des protestantischen Theologen Johannes Fecht ein Jahrhundert später über den Tod des Knaben: Er sei »eine Wohltat der göttlichen Vorsehung, die den Prinzen der irdischen Freuden entzog ... damit er nicht durch die Verlockungen dieses Jahrhunderts entweder selbst gefangen werde oder anderen Gefahr bringe«.

Johannes Fecht gibt 1694 die Mitschrift des Emmendinger Religionsgespräches aus der Feder des Durlacher Hofpredigers Lorenz Schyrius als »Historia et Protocollum Colloquii Emmendingensis« heraus. Der Emmendinger Studiendirektor Hans-Jürgen Günther hat sie 1990 mit einem Latein-Leistungskurs des Goethe-Gymnasiums auszugsweise übersetzt und im Internet zugänglich gemacht. Hieraus stammt auch Fechts Abrechnung mit dem calvinistisch gewordenen Markgrafen Ernst Friedrich: »... als er schon daran war, in der Stadt Pforzheim und in den Kirchengemeinden auf dem Lande den Religionswechsel durchzuführen, wurde er im Jahre 1604 mitten in der Arbeit von einer plötzlichen Krankheit erfasst und hörte auf zu leben und zu reformieren.«

Das Markgrafenschloss heute

Nach seiner kurzen Glanzzeit als Residenz ist das Emmendinger Schloss in den folgenden Jahrhunderten Amtssitz der Landvögte, später ein Spital. Von den einstigen Nebengebäuden ist nur das spätgotische »Lenzhäuschen« am Bach erhalten. Farbige Pflastersteine markieren im Hof den Ort des Kapitelhauses, in dem das Religionsgespräch

stattfand und später die 1938 zerstörte Synagoge stand. Im 2008 renovierten Schloss ist die Stadtgeschichtliche Sammlung untergebracht, darüber ein Fotomuseum mit über 100 000 Fotografien, Kameras sowie Atelier- und Laboreinrichtungen. Den historischen Schlosskeller nutzt seit 1996 der Schlosskeller-Verein mit weit über 100 Veranstaltungen pro Jahr – von Theater, Klassik, Jazz und Kleinkunst bis Pop, Comedy und Disco.

Das letzte erhaltene Nebengebäude des Schlosses, das Lenzhäuschen. Dass der Dichter Jakob Michael Reinhold Lenz hier gelebt hat, ist aber wohl nur Legende.

Neun Quadratkilometer Fläche, 5000 Einwohner und vier Schlösser – damit ist Umkirch vor den Toren Freiburgs rekordverdächtig. Allerdings bekommen Besucher von der ganzen Pracht wenig zu sehen: Zwei der Schlösser sind in Privatbesitz und öffentlich nicht zugänglich, die einstige Wasserburg Dachswangen wird heute als Bauernhof bewirtschaftet und das frühere Schloss Büningen hat die Gemeinde Umkirch 1986 zum Rathaus umgebaut.

Ein Gut in Umkirch, als wehrhafte Wasserburg ausgebaut, ist im Mittelalter für Freiburger Patrizier offenbar ein Muss. Zu ihnen gehören im 14. Jahrhundert der Freiburger Münzmeister Stephanus Geben, die reiche Familie Snewlin und Ritter Martin Malterer, über dessen Nachfahrin Verena die Umkircher Güter im 16. Jahrhundert an die Pfalzgrafen von Tübingen-Lichteneck fallen. Im 18. Jahrhundert vereinen die Herren von Kageneck Umkirch in einer Hand und ersetzen die baufällige Wasserburg der Pfalzgrafen durch ein wohnliches Landhaus. Um 1788 bekommt es zwei Seitenflügel, Terrasse, Balkon sowie die zum Garten geöffnete Säulenhalle und entwickelt sich immer mehr zum Schloss. Möglicherweise entsteht in dieser Phase auch schon der Park als einer der ersten englischen Landschaftsgärten im Breisgau.

Im heutigen Sommerschloss der Hohenzollern lebte Flora von Kageneck, wenn sie nicht gerade den Wiener Kongress tanzen ließ.

Damen-Partie

Die letzte Kageneck'sche Schlossherrin in Umkirch macht beim Wiener Kongress von sich reden: Flora von Kageneck, verheiratete Gräfin von Wrbna-Freudenthal, macht ihren Salon im Haus ihres Verwandten, des Fürsten Metternich, zum Treffpunkt der internationalen Diplomatie. Aufsehen erregt sie, als sie dort eine galante Wette gegen Zar Alexander gewinnt. In aller Stille informiert sie auch den Breisgauer Adel, der auf die Wiedereinsetzung der österreichischen Herrschaft hofft, über den aktuellen Kongressverlauf.

Um 1816 lässt die Gräfin ihrem Schloss in Umkirch noch ein Belvedere aufsetzen, 1826 verkauft sie es mitsamt der Dachswanger Schlossmühle und Schloss Büningen an die Großherzogin-Witwe Stephanie von Baden, die

In sich selbst versunken: Gartenidylle am Schloss der Auguste Viktoria

aber meist in Mannheim und Baden-Baden residiert. Deren Tochter Josephine heiratet Karl Anton Fürst von Hohenzollern-Sigmaringen, dessen Nachfahren das Schloss bis heute als Sommersitz nutzen.

Das Jahr 1934 beschert Umkirch eine illustre »Neubürgerin« und ein neues Schlösschen. Die Hohenzollern-Prinzessin Auguste Viktoria, Witwe des portugiesischen Exilkönigs Manuel II., zieht es aus dem englischen Fulwell-Park bei Twickenham zurück in die Heimat. Von ihrem Bruder bekommt

sie Gelände neben dem Hohenzollernschloss und lässt dort ihr Schloss im englischen Landhausstil bauen und einen kleinen Park anlegen. 1939 heiratet sie Robert Graf Douglas und lebt mit ihm überwiegend am Bodensee und in Gondelsheim.

Fürst Pückler im Breisgau

Nach Prinzessin Auguste Viktorias Tod wird das Anwesen verkauft und zerstückelt. Der Freiburger Verleger Werner Semmler erwirbt den spärlichen Rest 1993 bei einer Zwangsversteigerung, vergrößert das Areal mit weiteren Zukäufen und beginnt mit der Wiederherstellung von Schloss und Park als einheitliches Kulturgut, das er nach seiner Gründerin »Queen-Auguste-Victoria-Park« nennt. Der passionierte Gartenliebhaber nimmt sich Hermann Fürst von Pückler, den Schöpfer des ins UNESCO-Weltkulturerbe aufgenommenen Parks von Muskau, zum Vorbild und lässt sich vom erfahrenen Landschaftsarchitekten und Pückler-Biographen Helmut Rippl beraten. 2002 kann er für sein Werk aus der Hand von Bundespräsident Johannes Rau den Europäischen Gartenkultur-Schöpfungspreis entgegennehmen.

Um den Bestand des Parks auch für die Zukunft zu sichern, hat Semmler 2007 vorgeschlagen, ihn in eine Stiftung zugunsten der Universität Freiburg und des Landes Baden-Württemberg einzubringen. Dann sei auch an eine begrenzte Öffnung des Parks als »Schaugarten« und den Bau einer Orangerie gedacht, in der Tagungen oder Kulturveranstaltungen stattfinden könnten.

Vorerst gilt allerdings Werner Semmlers Feststellung: »Der private Naturpark ist nicht öffentlich. Er dient nicht, wie ein Stadtgarten, dem vergnüglichen Massen-Gebrauch durch die Menschen, sondern der Erhaltung der Artenvielfalt, dem Schutze des Bau- und Gartenkulturwerkes und der Natur. Besichtigungen sind daher nur in begründeten Ausnahmefällen mit Zustimmung des Eigentümers und nach Vereinbarung möglich.«

Oben: Neben dem Hohenzollern-Schild prangt das Wappen des portugiesischen Königshauses Braganza über dem Portal. Unten: Wieder belebte Parklandschaft

Colombischlössle: *spanische Grandezza an der Dreisam*

*H*ätte es vor 150 Jahren schon eine Regenbogenpresse gegeben, wäre die geheimnisvolle Gräfin, die so viel mondänes Flair an die Dreisam bringt, ein gefundenes Fressen gewesen. Allein der klangvolle Name: Maria Antonia Gertrudis de Zea Bermudez y Colombi. Als Tochter eines katalanischen Granden ist sie in Sankt Petersburg geboren und bereist Europas Metropolen als Gattin eines spanischen Diplomaten, eines Nachkommen der galizischen Könige und so eng mit der spanischen Krone verbunden, dass das Königspaar Ferdinand und Christine Paten ihrer Kinder wird. Als ihr Gatte 1852 als spanischer Gesandter in Rom stirbt, kehrt sie nach Freiburg zurück, wo sie ihn 20 Jahre zuvor geheiratet hat. Hier lässt sie sich als Witwensitz eine Villa bauen, wie sie die Stadt noch nicht gesehen hat.

Das entfacht die Neugier der Zeitgenossen – umso mehr nach ihrem frühen Tod kurz nach Fertigstellung ihres Schlösschens. Die Gerüchteküche brodelt, als drei Jahre später auch ihre Tochter Christine kurz vor der Hochzeit mit Richard von Kageneck auf Schloss Munzingen unerwartet stirbt. Von vergiftetem Speiseeis und einer bösen Rivalin wird gemunkelt und schnell ist der »Colombi-Fluch« geboren: Als

schwarzer Pudel mit feurig lodernden Augen müsse der Vater der Schlossherrin nachts im Colombi-Park umgehen, um seine Verbrechen als Sklavenhändler zu büßen. Tatsächlich hat Antonio

Maurisch, gotisch oder englisch?
Exotik im Herzen Freiburgs

de Colombi y Payet im 18. Jahrhundert in Sankt Petersburg einen florierenden Handel mit Wein und Öl aufgebaut und seinem Land als Gesandter am Zarenhof gedient.

Nach dem Tod der Gräfin erwirbt der Todtnauer Unternehmer Johann Georg Thoma 1869 die Villa. Ihr Park wird parzellenweise vermarktet. 1899 kauft die Stadt Freiburg das innerstädtische Filetstück und stellt dort bis zur Eröffnung des Augustinermuseums 1923 den städtischen Kunstbesitz aus. Danach wird über eine Umwandlung des Colombischlössles in ein Kurhaus oder Café diskutiert, sogar an die Verlegung des als störend empfundenen opulenten Treppenhauses ist gedacht. Einrichtung und Dekoration der Räume fallen jedenfalls den vielfältigen Nutzungen fast vollständig zum Opfer. 1947 wird

die Villa Colombi Sitz der badischen Landesregierung, bis das Land Baden nach der umstrittenen Volksabstimmung 1952 im Südweststaat aufgeht. Seit 1983 ist hier das Museum für Ur- und Frühgeschichte untergebracht.

Ähnlichkeiten mit Schloss Ortenberg sind kein Zufall.

Maurisch, gotisch oder englisch?
Eine Frage des Stils

Das Schlösschen der Gräfin Colombi thront auf einer kleinen Anhöhe, der einstigen »Bastion Saint Louis«. Sie war Teil der Stadtbefestigung, die vom französischen Festungsbaumeister Vauban 1679 im Auftrag Ludwigs XIV. errichtet und beim Abzug der Franzosen 1744 von diesen vollständig geschleift wurde. Die so genannten »Glacis-Reben« im kleinen Weingarten des Parks sind denn auch keine unbekannte Rebsorte, sondern erinnern vielmehr an die Bepflanzung des schussfreien Raums hinter den einstigen Festungswällen.

Der Baustil des Schlösschens hat schon die unterschiedlichsten Bezeichnungen gefunden – von »spanisch-maurischer Gotik« über »romantischer Klassizismus« bis »gotischer Tudorstil des englischen Mittelalters«. Sein Erbauer, der spätere Universitätsbaumeister Georg Jakob Schneider hat als Schüler von Friedrich Eisenlohr beim Bau von Schloss Ortenberg mitgewirkt und Schloss Gondelsheim entworfen. Nach seinen Plänen entsteht von 1859 bis 1861 ein zweistöckiger Würfel, dessen Vorder- und Rückseite sich im Zentrum einige Meter nach vorn schieben.

Die Farbgestaltung der Fassaden lockert die strenge Symmetrie auf: ockerfarbene Ziegelmauern, Kanten und Eckpfeiler aus rotem sowie feingemeißeltes Maßwerk an Balkonen, Fenstern und Dachbalustrade aus gelbem Sandstein. Zentraler Blickpunkt auf der Gartenseite ist das von einem Balkon

Links: Das kommt uns spanisch vor: der mediterrane »Patio« im Colombischlössle.
Rechts: »Zurück in die Steinzeit« hieß die Ausstellung, die den
prähistorischen Pfahlbau ins ehemalige Arbeitszimmer des ersten und letzten
badischen Staatspräsidenten Leo Wohleb gebracht hat.

gekrönte Portal. Auf der Bahnhofsseite überragen zwei achteckige Türme den Vorbau. Sie würden das Gebäude wie eine Burg wirken lassen, wäre da nicht anstelle wehrhafter Zinnen die fast filigrane Maßwerk-Brüstung, hinter der sich das Pyramidendach verbirgt.

Durch ein Glasdach fließt Tageslicht in das beeindruckende Treppenhaus, das fast ein Viertel der Gesamtfläche einnimmt und in einem quadratischen Innenhof angelegt ist – eine Erinnerung an den typischen »Patio« mediterraner Wohnhäuser. Umlaufende Galerien, wie die Treppe selbst mit schwarzlackiertem gusseisernem Ge-

länder versehen, führen in die Zimmer im Obergeschoss.

Der eindrucksvollste Raum dort ist der Große Salon, dessen Tür auf den Balkon über dem Portal hinausführt. Seinen Boden schmückt mehrfarbiges Parkett mit komplizierten Mustern, die Decke ist nach englischem Vorbild mit geometrischen Stuckformen verziert. Dieser Raum war von 1947 bis zur Gründung des Landes Baden-Württemberg das Arbeitszimmer von Badens erstem und einzigem Staatspräsidenten Leo Wohleb. Heute dient er den Sonderausstellungen des Museums für Ur- und Frühgeschichte.

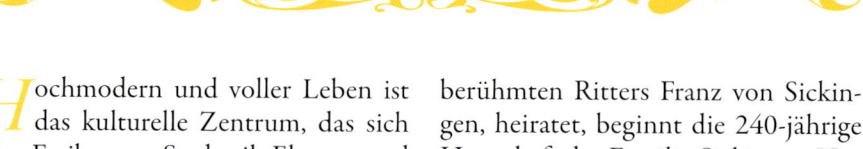
*H*ochmodern und voller Leben ist das kulturelle Zentrum, das sich im Freiburger Stadtteil Ebnet rund um das bedeutendste Barockschloss des Breisgaus entwickelt hat. Dabei befindet sich das Schloss bis heute in Privatbesitz und steht keineswegs als Museum für öffentliche Führungen offen. Von hier aus verwaltet Land- und Forstwirt Nikolaus Freiherr von Gayling-Westphal die Güter der Familie, die nach der Französischen Revolution aus dem Elsass nach Baden geflohen und zu hohen Würden aufgestiegen ist. Anfang des 19. Jahrhunderts ist Heinrich Christian Freiherr von Gayling Großherzoglicher Staatsminister, sein Sohn Christian Kammerherr der Großherzogin Stephanie. Bei einer Versteigerung 1811 erwirbt er Schloss Ebnet vom Großherzog von Baden, der es kurz zuvor vom Reichsgrafen Sickingen-Hohenburg gekauft hat – der erste Verkauf, nachdem das Schloss zuvor über 450 Jahre lang von Generation zu Generation vererbt wurde.

Schon 1348 wird Ritter Hanmann Snewlin-Landeck als Herr auf Ebnet genannt, Spross einer einflussreichen Familie, die durch den Silberbergbau im Schwarzwald reich geworden ist. Als Anna, die letzte Snewlin-Landeck, 1568 Friedrich, einen Enkel des

berühmten Ritters Franz von Sickingen, heiratet, beginnt die 240-jährige Herrschaft der Familie Sickingen-Hohenburg in Ebnet, deren Wappen mit den fünf Kugeln auf schwarzem Grund

Schloss Ebnet:
Residenz des Frühlings

über dem Gartenportal des Schlosses prangt.

Die Familie Sickingen macht Karriere im habsburgischen Breisgau: Sie stellt den Bürgermeister von Freiburg, Kasimir Anton von Sickingen wird Fürstbischof von Konstanz, Ferdinand Hartmann von Sickingen ist k. k. Statthalter in Vorderösterreich, sein Sohn Ferdinand Sebastian Präsident des vorderösterreichischen Ritterstands.

Das bescheidene Landhaus am Ufer der Dreisam, das seine Mutter 1696 anstelle des von Franzosen zerstörten Weiherschlosses gebaut hat, kann seinen Ansprüchen an eine repräsentative Sommerresidenz nicht mehr genügen. Wo seine Eltern den Sumpf trockengelegt, eine Kapelle errichtet und einen Garten mit Orangerie angelegt haben, beginnt er 1748, als nach dem Österreichischen Erbfolgekrieg wieder Ruhe

Die Schlossherrin streut ihre Gaben aus – auch über den verliebten Maler des Deckengemäldes und seine junge Frau, eine Kammerjungfer.

einzieht, mit dem Bau seines neuen Lustschlosses.

Krach am Bau

Architekt des Projekts, dessen spannende Geschichte Paul René Zander in seinem Buch »Das Barockschloss Ebnet« erzählt, ist Johann Jakob Fechter aus Basel, Artillerieoffizier und Ingenieur, Baumeister wird der Allgäuer Simon Schratt. Der Breisgauer Künstler Christian Wenzinger schafft die überlebensgroßen Gartenskulpturen »Die vier Jahreszeiten«, deren Originale heute im Freiburger Museum stehen. Wenzinger sorgt aber auch durch ständige Einmischung in die Bauleitung für so viel Wirbel, dass Baumeister Schratt mitsamt seinen Plänen empört abreist. Vielleicht geht es bei dem Streit ja um die Fassadengestaltung zum Ehrenhof, die längst nicht so repräsentativ ausfällt, wie es die herrschende Meinung vorsieht. Sogar der wuchtige Treppenturm des Vorgängerbaus mit dem schlichten Portal wird beibehalten. Seine »Schokoladenseite« wendet Schloss Ebnet dem Garten zu. Der vorgeschobene Mittelgiebel, der Altan und die doppelläufige Freitreppe werden auf Wunsch des Bauherrn in die Planung aufgenommen, als der Bau bereits in vollem Gange ist.

Mäzene und Künstlerschicksale

Für die prachtvolle Innendekoration gewinnt der Bauherr zwei Künstler, die auch in der nahegelegenen Benediktinerabtei St. Peter unter Vertrag sind: den Wessobrunner Stuckateur Hans Georg Gigl, dem die Hauptarbeit an dem prächtigen Rokokostuck in 14 Räumen des Schlosses zugeschrieben wird, und den Allgäuer Benedict Gambs jr., der in jener Zeit das Deckenfresko der Klosterbibliothek St. Peter und zugleich die Deckenbilder im Gartensaal und weiterer Räumen von Schloss Ebnet malt. Im Schloss verliebt sich der »malende Pendler« in die Kammerjungfer Veronica Königin, die er im April 1751 in der Ebneter Kirche Sankt Hilarius heiratet. Dort wird er nach seinem plötzlichen Tod nur ein halbes Jahr später auch begraben, neben der Gruft der Familie von Sickingen, ein Zeichen der hohen Wertschätzung des Bauherrn für seinen Künstler. Im Deckenfresko des Gartensaals, das er noch vollendet, finden wir Gambs' Selbstportrait mit seiner jungen Frau als »Hermes und Aphrodite« in inniger Umarmung – zu Füßen der Bauherrin, die als Göttin der Morgenröte das Gemälde dominiert. Als Vorbild für dieses Werk dient Johann Evangelist Holzers Deckenfresko im Festsaal der fürstbischöflichen Sommerresidenz Eichstätt.

Das Ebneter Gemälde, das der Kunsthistoriker Hans-Otto Mühleisen mit Gambs' Deckenfresko in der Klosterbibliothek zu St. Peter vergleicht, drückt das aufklärerische Selbstverständnis des »Kulturschlosses Ebnet«

bis heute aus: »Ein Raum des Frühlings und auch der Förderung von Wissenschaft und Kunst.«

Auf der Baustelle im Ebneter Schloss entfaltet sich in jener Zeit ein künstlerisches Schaffen, das eher an die großen Fürstenresidenzen als an ein kleines Sommerschlösschen erinnert. Nicht unschuldig daran ist die Gattin des Bauherrn, Maria Anna Sophia von Greiffenclau zu Vollrads, verwandt mit der vom »Bauwurm« infizierten Familie Schönborn, aus der die Bauherren der fürstbischöflichen Barockresidenzen in Bruchsal und Würzburg hervorgegangen sind. Als Halbschwester des Würzburger Fürstbischofs Carl Philipp von Greiffenclau ist sie auch häufig Gast in Würzburg, wo der geniale Venezianer Giovanni Battista Tiepolo den weltberühmten Kaisersaal ausmalt. Von ihm erhält sie offenbar Entwürfe für das Deckengemälde im Treppenhaus von Schloss Ebnet, das ähnlich wie in Würzburg die vier Erdteile darstellt und das nach Gambs' frühem Tod der Tiroler Kirchenmaler Johann Pfunner fertigstellt. Auch für das Stiegenhaus selbst mag die Bauherrin Anregungen aus der Würzburger Residenz mitgebracht haben, deren Treppenhaus Balthasar Neumann gestaltet hat.

Die eindrucksvollen Fresken in Gartensaal und Treppenhaus von Schloss Ebnet sind zum überwiegenden Teil im Original erhalten und heute anlässlich von Konzerten und Veranstaltungen im Schloss zu besichtigen. Wie Schloss Ebnet und seine Kunstschätze im November 1944 den verheerenden Luftangriff übersteht, der große Teile Freiburgs in Schutt und Asche legt, ist heute Teil der Familiensaga der Schlossherrn.

»Hoffentlich sollen wir nicht verteidigt werden ...«

... schreibt Ebnets Ehrenbürgerin, die Tante des heutigen Schlossbesitzers, Baronin Elisabeth von zur Mühlen, kurz vor Kriegsende in ihr Tagebuch. Die resolute Baronin, die im Ersten Weltkrieg als Rotkreuzschwester in Russland war, schert sich offenbar wenig um die Vorschriften der Wehrmacht im beschlagnahmten Schloss. Sie lässt sich auch nicht davon abhalten, mit den polnischen Kriegsgefangenen, die dort arbeiten, an einem Tisch zu essen. Von zweien dieser Männer bekommt sie kurz vor dem Angriff der englischen Bomber den möglicherweise lebensrettenden Hinweis: Sie soll das riesige Hakenkreuz der Wehrmacht, das wie eine Zielscheibe auf dem Dach prangt, entgegen aller Vernunft keinesfalls entfernen lassen. Tatsächlich bleibt Ebnet von Bomben verschont; vielleicht waren die beiden Männer wirklich mehr als nur Gefangene. In ihren Unterkünften findet der Schlossgärtner nach der Befreiung Landkarten, Wörterbücher und – ein Morsegerät.

Die Hoffnung der Baronin, dass Ebnet nicht verteidigt wird, erfüllt sich allerdings nicht. Nur Stunden vor dem Einmarsch der Franzosen sprengt der Volkssturm die nahe Eschbachbrücke. Die Explosion beschädigt Dach und Fenster, lässt ein großes Stück des Deckengemäldes im Gartensaal abplatzen und eine der Erdteil-Figuren im Treppenhaus verliert buchstäblich den Kopf. Vor allem aber erschüttert sie das Schloss in seinen Grundfesten, irreparable Risse zeugen davon bis heute.

Besser als ein Museum

Seit das Ebneter Schloss in den 1980er-Jahren grundlegend saniert und restauriert wurde, hat es Gesellschaft bekommen. Im Schlosspark ist anstelle der einstigen Remise der neuzeitliche Holzbau des Theodor-Egel-Saals emporgewachsen, wo der Freiburger Bachchor seinen Probe- und Aufführungsraum hat und anspruchsvolle Produktionen eingespielt werden. Im benachbarten Littenweiler kauft der Schlossherr die 1926 gebaute Reithalle, lässt sie zerlegen und im Schlosspark originalgetreu wieder errichten. Abwechselnd bevölkern Reiter und Christkindlmarktbesucher die historische Halle ebenso wie Musiker, Bildhauer oder der renommierte französische Konzeptkünstler Daniel Buren. Auch die Straßburger Villa, in der der Komponist Franz Liszt möglicherweise seine große Liebe kennengelernt hat, lässt von Gayling mit mehreren Lkw-Ladungen nach Ebnet schaffen und restauriert die alte »Papiermühle« im Park, wo sich Tonstudios und ein Musikverlag einquartieren. Seit 2005 lädt der »Ebneter Kultursommer« von Juni bis September zu mehr als 80 Veranstaltungen ins Schloss und seine Nebengebäude, den Park und die umliegenden Säle, Hallen und Gaststätten ein. Dazu kommen im Winter im 14-tägigen Rhythmus Konzerte und Lesungen im Gartensaal des Schlosses.

Raffinierte Treppenkunst auf Schloss Ebnet

*E*inmal im Monat lädt Schlossherrin Ingrid Hosp zu »Kleinkunst in der Remise« ein. Dann tut sich hinter hohen Mauern am Rand des Tunibergs ein verblüffender Kontrast auf: zeitgenössische Skulpturen vor einem frühklassizistischen Schloss, das sich Franz Anton Marquard von Falkenstein von 1773 bis 1776 erbauen ließ. Der Entwurf dafür wird dem Deutschordensbaumeister Franz Anton Bagnato zugeordnet. Andere Quellen glauben hier sogar die Handschrift des französischen Architekten Pierre Michel d'Ixnard zu erkennen, der das Sickingsche Palais in Freiburg und den Dom von St. Blasien entworfen hat. Oder aber die des vorderösterreichischen Kameralbaumeisters Kaspar Zengerle.

Der steinerne Fassadenschmuck und die Wappen der Bauherren im Giebelfeld werden dem Schwarzwälder Bildhauer Josef Hörr zugeschrieben, von dem die Dekoration der Silbermann-Orgel von St. Blasien stammt. Im Inneren wetteifern oder ergänzen sich klassizistische Ausstattung und zeitgenössische Kunst: großformatige Gemälde des Hausherren Rainer Hosp und Bildtapeten nach Motiven des französischen Malers Claude Joseph Vernet, die um 1800 in Pariser Tapetenmanu-

fakturen hergestellt wurden. Über den Türstöcken im Obergeschoss kontrastieren zarte Grisaille-Supraporten mit dem satten Rot der Ar-

Gut überstanden hat Schloss Rimsingen die zahlreichen Besitzerwechsel.

beiten von Rainer Hosp, Jörg Siegele und Werner Berges.

Die Vorgeschichte von Schloss Rimsingen verliert sich im Dunkeln. Urkunden aus dem Spätmittelalter erwähnen eine Burg, einen Keller und ein »Schlossfeld«, aber ohne genaue Ortsangabe. Im 17. Jahrhundert kauft der oberösterreichische Statthalter Johann Erhard Maria von Falkenstein, der Urahn des Schlossbauherrn, die Ortschaft Rimsingen und errichtet dort einen Gutshof. 1873 geht das Schloss an die Grafen von Helmstedt über, im 20. Jahrhundert an Mathilde Kranke Freiin von Gleichenstein aus Bad Krozingen. Nach dem Krieg richtet der Caritasverband der Erzdiözese Freiburg das Christophorus-Jugendwerk im Schloss ein, später dient es einer Kunstgalerie als stilvolles Ambiente; danach

Gastronomie und Kleinkunst in der alten Remise

kauft es die Wohnungsbaugesellschaft der Stadt Breisach, von der es Rainer Hosp erwirbt und in den 1980er-Jahren sorgfältig restauriert

»Denkmalschutz aus dem Herzen«, sagt Ingrid Hosp, die sich nicht zu schade ist, am Kleinkunstabend selbst den Karton voll Eintrittskarten in die Hand zu nehmen. Tochter Uta betreibt das kleine Restaurant in der Remise, wo sie auch Feste und Veranstaltungen ausrichtet.

Der Freiburger Ortsteil Munzingen am Tuniberg, dem »kleinen Bruder« des Kaiserstuhls, ist europaweit ein Begriff in Archäologenkreisen wegen rund 15 000 Jahre alter Funde aus der Altsteinzeit. Buchstäblich »in aller Munde« dagegen ist »Schloss Munzingen« als Sektmarke der Gräflich von Kageneck'schen Wein- und Sektkellerei, die zum Badischen Winzerkeller Breisach gehört.

Über 16 Jahrtausende nach den Menschen der prähistorischen Magdalénien-Zeit zieht es eine sehr exklusive Gruppe von Siedlern an den Tuniberg. Betuchte Beamte aus der vorderösterreichischen Landeshauptstadt Freiburg schaffen sich hier ihren Herrensitz im Grünen als Ausweichquartier zur noblen Stadtresidenz.

Munzingen ist seit dem 9. Jahrhundert im Besitz des Straßburger Frauenklosters Sankt Stephan, das es vom »Freihof« im Dorf aus verwaltet. Nach der Reformation muss es seine Rechte schrittweise an die privaten Grundherren abgeben, allen voran die Familie von Pforr, die ein stattliches Wasserschloss mit vier dicken Rundtürmen mitten im Dorf bewohnt. Nach dem Dreißigjährigen Krieg ist davon nur der heute so genannte Gigili-Turm erhalten, aus dessen Arrestzellen einst die Gefangenen durch die vergitterten Fenster herausgespäht – »gegiggelt« – haben sollen.

Die reichen Güter des Hans Adam von Pforr vererbt dessen Witwe Maria Cleopha von Reinach dem Sohn ihres dritten Gemahls, Johann Friedrich Reichsfreiherr von Kageneck. Der Statthalter Habsburgs in Vorderösterreich wird zum Stammvater der Munzinger Linie der Familie, die aus elsässischem Uradel bei Colmar stammt.

1672 lässt er seinen Herrensitz auf dem Lande errichten – repräsentativ, aber nicht übertrieben. Ein rechteckiger Bau mit einem auffälligen hohen Walmdach. Dieses modische Extra

Rätselhaft – der Herr mit der Zipfelmütze!

Vorarlberger Zimmerleute mit seiner kühnen Dachstuhlkonstruktion hat allerdings statische Tücken. Heute müssen Zuganker den Dachstuhl sichern.

Die nächsten Jahrzehnte herrscht Krieg im Breisgau: Holländischer Krieg, Pfälzischer, Spanischer und Österreichischer Erbfolgekrieg. Statthalter und Regierung fliehen nach Waldshut. Stattdessen quartiert sich 1743 der kaiserliche Oberbefehlshaber Prinz Karl von Lothringen mit seinen berüchtigten Panduren im Munzinger Schloss ein, im Jahr darauf der französische König Ludwig XV. Während er Freiburg belagern lässt, sorgt er beim Gottesdienst in der Munzinger Dorfkirche für eine stattliche Kollekte von mehreren Louisdors. Das eigens für ihn königlich hergerichtete Schlafzimmer im zweiten Stock des Schlosses wird Ende des Zweiten Weltkriegs ausge-

Hochzeiten seiner sieben als Schönheiten gefeierten Töchter. Eine von ihnen, Maria Beatrix Antonie, wird die Mutter des späteren österreichischen Staatskanzlers Fürst von Metternich.

Für dieses höfische Leben wird das im Krieg beschädigte Schloss ab 1745 restauriert, erweitert und im Rokoko-Stil modernisiert. Baumeister soll der Basler Architekt Johann Jakob Fechter gewesen sein, der in Freiburg Schloss Ebnet und das erzbischöfliche Palais prägt. So erhält Schloss Munzingen sein heutiges Gesicht mit zwei Seitenflügeln, einer Orangerie und dem kleinen Ehrenhof. Ihn schmücken vier Zwergen-Statuen aus Sandstein, die vermutlich einen Jahreszeitenzyklus darstellen. Ihre Herkunft ist zwar unbekannt, aber sie sind nach Motiven des lothringischen Grafikers Jacques Callot aus dem 17. Jahrhundert entstanden, dessen satirische Karikaturen als Vorfahren der Gartenzwerge gelten. Ähnliche Figuren gibt es nur noch in Schloss Weikersheim, Salzburg und Wien.

Die Fassaden des Hauptgebäudes zieren reiche Stuckornamente mit Pflanzenmotiven des Rokoko und ein schöner Dreiecksgiebel über dem Eingangsportal. Mit der Dekoration des Speisesaals beauftragt Kageneck 1767 Freiburgs damals bedeutendsten Maler Simon Göser, der Kapitel- und Festsaal des Klosters St. Peter mitgestaltet. Eine »pikante« Aufgabe, wie Ehrenfried

rechnet von französischen Besatzern verwüstet.

Erst Mitte des 18. Jahrhunderts kehrt der Enkel des Schloss-Erbauers, Friedrich Fridolin von Kageneck, dauerhaft nach Munzingen zurück. Hier empfängt er prominente Gäste wie Erzherzog Carl von Österreich oder seinen »Nachbarn« Markgraf Karl Friedrich. Er gibt großartige Jagdgesellschaften und rauschende Bälle, vor allem zu den

Heitere Götterwelt an Munzingens Himmel

Kluckert in seinem Büchlein »Im barocken Paradieslein« anmerkt: Die Würde des Statthalters, der auf die Erhebung in den Stand des Reichsgrafen hofft, soll malerisch betont werden, ohne dabei dem Kaiserthron zu nahe zu treten. Gösers Lösung ist eine Darstellung der griechisch-römischen Götterwelt, in der aber beispielsweise Gott Bacchus – an der Grenze zum »Erzfeind Frankreich« – nicht als lüsterner Trunkenbold erscheinen darf, sondern als leutseliger Winzer, der dem Grafen und dem Hause Habsburg die Gaben des Landes darbietet. Der Kontrast zwischen den beschwingten, in zarten Farben gemalten Figuren in Munzingen und der machtvollen Selbstverherrlichung des markgräflichen Bauherrn im Olymp des Rastatter Schlosses könnte deutlicher nicht ausfallen.

Mitglieder der Familie Kageneck dienen jahrhundertelang als hohe Beamte der Habsburger im vorderösterreichischen Breisgau und später der Großherzöge von Baden. Ein Zweig lebt seit über 300 Jahren auf Schloss Munzingen, das die heutigen Schlossherren wohnlich eingerichtet haben und liebevoll und aufwändig restaurieren. Seit 1996, so Gräfin Elisabeth, vergeht hier kein Jahr ohne Baustelle. Ein halbes Jahr hat allein die Wiederherstellung der dunkelgelben Lackfarben an den Wänden des Speisesaals in Anspruch genommen, die unter der trist grauen Übermalung früherer Nutzer zum Vorschein gekommen ist.

Schloss Krozingen, Heimat der Musen

*E*in modernes dreistöckiges Verwaltungszentrum entsteht 1579 in Unterkrozingen. Es ersetzt das alte Amtshaus, von dem aus das Kloster St. Blasien seit dem 14. Jahrhundert seinen Besitz im Breisgau verwaltet. Der Bauherr, Abt Caspar II., verewigt sich mit seiner Wappentafel am Treppenturm, der das Gebäude überragt.

Die kleine Blasius-Kapelle im Park trägt die Jahreszahl 1608. Ihr Stuckdekor, das Deckengemälde mit der Darstellung der christlichen Tugenden und das Altarbild, das dem Breisgauer Künstler Christian Wenzinger zugeschrieben wird, stammen aus dem 18. Jahrhundert. In dieser Zeit erhält auch das spätgotische Schloss durch Deutschordensbaumeister Johann Kaspar Bagnato sein barockes Innenleben mit üppigem Stuck und einem prachtvollen Festsaal.

Bauherr Pater Marquardt Herrgott mag sich Anregungen dafür in Wien geholt haben: Am Kaiserhof macht der aus Freiburg stammende Benediktiner Karriere als Diplomat und Historiker. In seinem berühm-

Der Traum des Musikliebhabers: Alte Musik auf historischen Instrumenten im Ambiente ihrer Zeit. Dieses Cembalo aus einer Antwerpener Werkstatt des 17. Jahrhunderts wurde in den USA originalgetreu rekonstruiert.

testen Werk, das 2008 im Internethandel für 4500 Franken angeboten wird, dokumentiert er 1737 die Ursprünge der Habsburgerdynastie. 1748 allerdings fällt der »kaiserliche Hofhistoriograph« in Ungnade, weil er Rechte von Kirche und Ständen gegenüber dem Herrscher verteidigt. Nach St. Blasien zurückgekehrt, ernennt ihn sein Abt zum Propst in Krozingen.

Klio, die Muse der Geschichte, genießt hohen Rang im Kloster St. Blasien, das sich in jener Zeit als Hort der Wissenschaft und Aufklärung begreift. So ist 1793 nach dem Tod von Fürstabt Martin Gerbert der namhafte Historiker und Professor der Universität Freiburg Trudpert Neugart als Nachfolger im Gespräch. Doch der Benediktiner zieht sich stattdessen in die Krozinger Propstei zurück, um sich ganz seinen

mit der Euterpe, die Muse der Musik, in Bad Krozingen einzieht. Sinn für die schönen Künste liegt der Familie offenbar im Blut. Dem Wiener Kanzleischreiber und Amateur-Cellisten Baron Ignaz von Gleichenstein widmet Beethoven 1809 seine Cello-Sonate A-Dur op. 69: »Meinem Freunde k. k. Hofkonzipisten Baron von Gleichenstein gewidmet von Ludwig van Beethoven.«

Seine Musik liebenden Nachkommen sind bis heute eifrig dabei, ihr Schloss zu bewahren und Schritt für Schritt zu restaurieren. »Die Wohnräume kommen als letztes, angefangen haben wir mit dem Konzertsaal«, betont die Schlossherrin. Denn im 14-tägigen Rhythmus beleben weit beachtete Konzerte und »Festliche Tage alter Musik« nicht nur das Schloss, sondern auch die einzigartige Sammlung historischer Tasteninstrumente, die dort seit 1974 ein würdiges Domizil gefunden hat.

Ihre Entstehung verdankt sie dem 1983 verstorbenen Professor an der Musikhochschule Freiburg Fritz Neumeyer und seinen Nachfolgern Rolf Junghanns und Bradford Tracy. Aus der Überzeugung heraus, dass Musik vergangener Jahrhunderte auf modernen Instrumenten unweigerlich verfälscht wird, ist eine Sammlung mit über 50 historischen Tasteninstrumenten entstanden, auf denen die Klaviermusik von 1550 bis 1850 in ihrem ursprünglichen Klangbild wieder auflebt. Wo wichtige Instrumente nicht mehr aufzufinden waren, wurden

Studien zu widmen. Hier vollendet er 1803 den ersten Teil seines Geschichtswerks, bevor die Arbeit durch die Säkularisation des Klosterbesitzes jäh unterbrochen wird und Neugart mit den Brüdern von St. Blasien ins Exil nach Kärnten zieht.

1806 kommt das Schloss in den Besitz des Freiherrn von Roggenbach, 1889 erbt es die Familie von Gleichenstein,

Prachtvolle Malerei aus dem 18. Jahrhundert schmückt die Schlosskapelle Sankt Blasius.

sie originalgetreu nachgebaut. Stolz der Sammlung sind die zahlreichen Originalinstrumente, die auf zum Teil verschlungenen Wegen ins Schloss gelangt sind. Damit die kostbaren Instrumente wieder klingen wie einst, wurden sie fachkundig restauriert.

Staunend stehen Besucher der Schlosskonzerte vor der unglaublichen Gestaltungsvielfalt, die von einer schier unerschöpflichen Liebe zum Detail zeugt. Besonders liebenswert wird die Sammlung durch ihre Kinderkonzerte und Extra-Führungen für Kinder.

Für 60 Mark Silber und vier Pfund Wachs, berichtet der Chronist, übergibt Gottfried von Staufen 1272 den Fronhof zu Heitersheim dem Johanniterorden, der sich 1240 in Freiburg eingerichtet hat. Heitersheims Lehnsherr, der Abt des elsässischen Klosters Murbach, stimmt dem Kauf wohlwollend zu und so beginnt der Aufstieg des kleinen Bauern- und Winzerdorfs zu einem Fürstentum von europäischem Rang.

Zunächst erwirbt der Orden von Markgraf Heinrich von Hachberg noch das Dorf Heitersheim mit allen Rechten in Justiz und Verwaltung und wird damit auch weltlicher Herr auf seinem Besitz. Im 14. Jahrhundert machen erfolgreiche Geschäfte den Johanniterorden zum größten Grundbesitzer im Breisgau.

1428 fällt am Johanniter-Hauptsitz auf Rhodos eine schwerwiegende Entscheidung: Heitersheim soll Sitz der Provinz deutscher Zunge sowie des Großpriorats Deutschland werden und »von den Alpen bis Schweden und von Burgund bis Ungarn« über alle Einrichtungen und Besitzungen der Johanniter herrschen, die sich ab 1530 Malteser nennen. 1505 zieht Johannes Hegenzer von Wasserstelz als erster Großprior in Heitersheim ein. Sein Nachfolger Johann von Hattstein (1512–1546) baut den Fronhof zum befestigten Schloss mit Wehrtürmen und doppelten Wassergräben aus.

Die neue Ehre bringt aber auch Nachteile, nämlich hohe Abgaben an die Großmeister des Ordens: 170 000 Gulden »Türkensteuer« jährlich. Als die ausgebeuteten Bauern 1525 rebellieren, erweisen sich die Wehrtürme als wenig hilfreich. Schlossschaffner Hans Graf plündert die Waffenkammer und öffnet den Aufständischen die Tore der Burg, die zeitweilig zum Hauptquartier der Breisgauer Bauern wird – er büßt dafür später unter dem Henkersbeil.

Heitersheims Glanzzeit beginnt von 1546 an unter Großprior Georg

Das stolze Wappen des Malteser-Großmeisters Philipp Wilhelm von Nesselrode und Reichenstein, »Meister in Teutschen Landen« und »Reichsfürst zu Heitersheim«

Schilling von Cannstatt. Der Sohn eines schwäbischen Ministerialen kehrt nach der Eroberung von Tunis und der Befreiung tausender christlicher Sklaven als gefeierter Kriegsheld nach Deutschland zurück. Das Konterfei des Renaissancefürsten beeindruckt auch auf einer Tafel neben der Tordurchfahrt im Innenhof. Angesichts des Charakterkopfs glaubt man die Anekdote des Schlossführers, Heitersheims erster Fürstprior sei auf dem

Das Areal des Malteserschlosses überlagert teilweise das Gelände der 2000 Jahre alten römischen »Villa Urbana«. Die Dächer der Aufsehen erregenden Ausgrabungsstätte zeichnen sich am oberen Bildrand hinter dem Schloss ab.

Cannstatts neues Fürstentum gehört weiter zu Vorderösterreich und besteht aus Heitersheim mit ein paar Hundert Einwohnern und zehn benachbarten Dörfern.

In der Folgezeit richten sich die Ordensfürsten in Heitersheim wohnlich ein. Georg von Hohenheim erwirbt 1558 eine Quelle im nahen Sulzburg, deren Wasser er ins Schloss leitet. Im 18. Jahrhundert nutzt Fürst Otto von Merfeldt das schwefel- und eisenhaltige Wasser für sein Malteserbad. Dessen Reste liegen jenseits der heutigen Landstraße ebenso wie die Herrenmühle, das Kanzlerwohnhaus der Jahre 1728 bis 1752 sowie der Maltesergarten, der dem Wein der örtlichen Winzer seinen Namen gibt.

Napoleons Siegeszug ist das Ende des Fürstentums Heitersheim. 1806 wird es aufgelöst. Württemberg und Bayern erheben Besitzansprüche, doch das diplomatische Geschick des Karlsruher Gesandten Sigismund von Reitzenstein sichert es dem neu geschaffenen Großherzogtum Baden. Nach dem Tod des letzten Fürstpriors Ignaz Balthasar Rinck von Baldenstein 1807 ziehen großherzogliche Beamte im Schloss ein.

1826 wird sein ältester Teil, der Nordflügel zusammen mit dem Südflügel samt Fürstengemach, Hauskapelle und Rondellturm abgerissen. 1845 kaufen drei Heitersheimer Bürger die

Augsburger Reichstag 1548 nicht nur mit Verspätung, sondern sogar angetrunken erschienen. Der herzlichen Freundschaft mit dem Kaiser habe dies aber keinen Abbruch getan: Karl V. erhebt ihn zum Reichsfürsten. Von

restlichen Gebäude, vieles verfällt oder wird abgetragen – und so ziert der Türbogen des Fürstenhauses mit der Jahreszahl 1544 seither das Wirtshaus am Ochsenplatz.

»Liebe handelt!«

Unter diesem Motto des heiligen Vinzenz von Paul hat das Schloss eine neue Nutzung gefunden, die auch die ursprünglichen Ideale der Johanniter widerspiegelt. Seit 1892 ist es im Besitz der Barmherzigen Schwestern des Freiburger Vinzentinerordens, die dort ein Altenheim für Ordensschwestern eingerichtet haben. Im Ritter- und Dienerhaus sind Schule und Lehrwerkstätten der Caritas für über 200 behinderte Kinder untergebracht. Der Rittersaal wird als Turnhalle genutzt, ein weiterer Teil dient dem Verein »Lebenshaus« für Familien in Not.

Die prachtvolle Anlage, die Matthäus Merian 1644 verewigt hat, ist kaum wiederzuerkennen, seit Wassergräben und Bollwerke verschwunden sind. Ein Rundgang unter kundiger Führung eines ehrenamtlichen Mitarbeiters der Historischen Gesellschaft der Malteserstadt lohnt dennoch, auch wenn die meisten Gebäude nur von außen zu besichtigen sind. Auf Schritt und Tritt begegnen uns dabei das Balkenkreuz der Johanniter und das achtzipfelige Kreuz der Malteser. Aber auch die Wappensymbole der Schlossherren von einst: die silbern und roten Schrägstreifen des Johann von Hattstein, die goldene Kanne des Georg Philipp von Cannstatt oder der umgestürzte Turm des letzten Heiters-

heimer Großpriors Ignaz Balthasar Rinck von Baldenstein.

Von der Landstraße führt der »Äußere Torturm« aus dem Jahr 1545 in den Hof der Vorburg, die auf den Fronhof des Klosters Murbach zurückgeht. Im Norden wird er von der ehemaligen Zehntscheune begrenzt. Hier haben die Vinzentinerinnen 1896 ein Schwesternheim und von 1908 bis 1910 die Borromäus-Kirche in neo-barockem Stil errichtet.

Das bedeutendste Bauwerk der Vorburg ist der Kanzlei- oder Gerichtsbau des Fürsten Philipp Wilhelm von Nesselrode und Reichenstein. Zusammen mit zwei Figuren von Fides und Justitia dominiert seine prachtvolle barocke Wappenkartusche aus Pfaffenweiler Sandstein den Eingang des Gebäudes, das 1740 über dem inneren Wassergraben errichtet wurde. Schöne Stuckarbeiten rund um das Malteserkreuz schmücken die Decken im Inneren. In den Kellerverliesen ist ein kleines Maltesermuseum untergebracht. Das Justizgebäude wurde in den 1980er-Jahren aufwändig restauriert. Während der Arbeiten ist allerdings die historische Holztreppe ebenso spurlos verschwunden wie der drei Meter hohe Keramikofen der Ritterzeit im einstigen Gerichtssaal – Kunstraub auf Bestellung vermutlich.

Sehr viel älter ist das Ritterhaus mit den großen Bleiglasfenstern, das den Hof im Osten begrenzt. Einst war es durch einen inneren Wassergraben mit Zugbrücke zusätzlich geschützt. Das Wappen des Bauherrn Johann von Hattstein trägt das Datum 1545.

Der Torbogen mit dem Lilienwappen von Großprior Hermann Freiherr

Heute »herrschen« hier die Barmherzigen Schwestern des Freiburger Vinzentinerordens.

von Wachtendonck muss zu dessen Amtszeit 1699 umgebaut worden sein. Das Tor führt auf den Schlosshof der Kernburg mit seiner 450 Jahre alten Gerichtslinde. Hier lohnt ein Blick zurück auf das Ritterhaus, das auf dieser Seite einen Treppenturm mit Glockendach und Wendeltreppe hat. Der Nordostflügel der Kernburg und die Fürstenwohnung aus dem 18. Jahrhundert im Südteil sind verschwunden, dafür ist auf der Ostseite eine weitere Kostbarkeit zu entdecken: die schöne »Scheinarchitektur« an der Fassade des einstigen Dienerhauses. Illusionsmalerei, die unter dem Putz hervorgeholt wurde.

Von hier ist es nur ein Katzensprung zur Urzelle von Fronhof und Ritterschloss. Auf dem »Scherbenacker« östlich des Schlosses wurde in den 1970er-Jahren eine römische Villenanlage aus dem 1. Jahrhundert entdeckt und teilweise ausgegraben. Sie gilt in dieser Größenordnung in der Region als einmalig. Teile dieser »Villa Urbana« bilden zugleich das Fundament des Malteserschlosses.

is heute führt Schliengen am Fuße
des Blauen den »Baselstab« im
Wappen, Symbol des Bistums Basel,
dessen nördlichster Außenposten es
jahrhundertelang gewesen ist. Aktenkundig sind zähe Auseinander-
setzungen zwischen den Baseler Bischöfen und den badischen Markgrafen,
die sich die kleine Exklave gern einverleibt hätten. Sie liegt an einem Punkt,
wo sich Markgrafen, Habsburger und
Franzosen nur ein paar Meilen entfernt
gegenüberstehen. Kopfschüttelnd mö-
gen die Pröpste des Klosters St. Blasien
von Schloss Bürgeln »uf der Höh« auf
das Treiben im Dorf mit seinem kleinen Wasserschloss Entenstein herabge-
blickt haben.

Schliengens Wasserburg mit dem
quadratischen Wohnturm geht wohl
auf die Nachfahren des Walter von
Schliengen zurück, dessen Mutter Hil-
diburg den Ort im Jahr 821 vom Kloster St. Gallen zu Lehen erhält. In den
folgenden Jahrhunderten wechselt das
Wasserschloss Entenstein im Abstand
weniger Jahre immer wieder den Besitzer. Bei einer Zwangsversteigerung
im Jahr 1525 bekommt Hans Ulrich
Nagel von der alten Schönstein den
Zuschlag. Er ersetzt den Steg über den
Schlossgraben durch eine Zugbrücke

und erweitert den Wohnturm durch
einen U-förmigen Anbau.

Die Schliengener sind alles andere als
glücklich mit den Nagel'schen Schlossherren, die in Raubrittermanier ihre
Bauern drangsalieren, Marksteine ver-
setzen sowie Steuern und Fron umgehen.
Bürger tragen die Klage darüber bis zum
Fürstbischof von Basel. Der Rechtsstreit

*Ein Rathaussturm zur Fastnacht kann
in Schliengen eine besonders
feucht-fröhliche Angelegenheit sein!*

zieht sich über Generationen, bis die Familie Nagel um 1680 ausstirbt. Die Erbin Johanna von Roggenbach überlässt das Schloss dem Bistum Basel, das es 1748 zum Sitz des Obervogts macht. Dafür bekommt das baufällige Schloss einen Unterbau mit mächtigen Eckpfeilern und eine breite Treppe. Als Schliengen 1803 an das Großherzogtum Baden fällt, wird Entenstein an den »Baselstabwirt« Josef Walz verkauft. Dessen Postkutschenstation macht die neue Eisenbahn ein Ende. Bei der Versteigerung 1857 erwirbt Graf Otto von Andlaw-Homburg das Wasserschloss, beseitigt als erstes Weiher und Zugbrücke und lässt eine Freitreppe sowie ein Konsolenfries unter dem Dach und Fenstergewände aus rotem Sandstein anbringen. 100 Jahre später vermachen die letzten Bewohner, Graf Oktav und Gräfin Elisabeth, Hofdame der Großherzogin Hilda von Baden, Schloss Entenstein dem Jesuitenorden. 1970 erwirbt es die Gemeinde Schliengen als Rathaus. Das Geld für die nötige Restaurierung bringt sie mit Hilfe eines Fördervereins auf, der Entenstein mit viel Eigenleistung wieder zum Wasserschloss samt Weiher und Brücke macht.

*Z'Bürglen uf der Höh
nei, was cha me seh!
O, wie wechsle Berg und Tal,
Land und Wasser überal,
z'Bürglen uf der Höh!*

So schwärmt der alemannische Mundartdichter Johann Peter Hebel 1807 von der »Perle im Markgräflerland«. Der Wanderer, der Bürgelns Rosengarten unter dem Gipfel des Blauen erklommen hat, ist hin- und hergerissen: Auf der einen Seite fesselt der faszinierende Ausblick über die Rheinebene bis zu den Vogesen, auf der anderen verlockt die elegante Freitreppe, einen Blick hinter Schloss Bürgelns reich geschmückte Fassade zu werfen. Wanderstiefel sind da kein Problem. Am Eingang warten Filzpantoffeln.

Im Inneren begleiten uns Rokoko-Stuck, Rocaillen und Kartuschen sowie immer wiederkehrende Wappensymbole: der Löwe der Stifterfamilie Kaltenbach, der springende Hirsch des Klosters St. Blasien und die gekreuzten Tannen des Bauherrn Fürstabt Meinrad Troger.

Aus dem Vestibül führt der Weg durch das Grüne Kabinett mit Chinoiserie-Tapeten, Louis XVI.-Kommode und originalem Waschtisch in die Bibliothek mit ihren türkis gefassten Bücherschränken aus dem 18. Jahrhundert. Spätestens hier löst das Gefühl klösterlicher Ruhe die Erinnerung an die kalte Pracht der Barock-Residenzen am nördlichen Oberrhein ab.

*Klösterlichen Frieden und Erbauung
für Leib und Seele bietet Schloss Bürgeln
Wanderern und Kunstliebhabern.*

Dekor mit politischer Botschaft

Die Treppe ist nach österreichischer Sitte unten zwei-, oben einläufig. Je nach Rang seines Gastes kommt ihm der Hausherr darauf mehr oder weniger weit entgegen. Sicher lenkt er dabei dessen Aufmerksamkeit auf die Decke, auf das waagerechte Zifferblatt einer von sieben Uhren im ganzen Schloss, die durch ein gemeinsames Uhrwerk angetrieben wurden. Eine technische Spielerei ganz im Sinne des Barock.

Im Obergeschoss zeigt der prachtvolle Bildersaal, der heute für Kammerkonzerte genutzt wird, die politische Seite der klösterlichen Priorei. Wo einst Staatsempfänge stattfanden, sind die Wände buchstäblich tapeziert mit Schlachtenbildern, Landschaften, Stillleben und 126 Portraits. Gegenüber den gen Frankreich weisenden Fenstern machen die deutschen Herrscher Front gegen den »Erzfeind«: Maria Theresia und Franz I. mit Habsburgs Feldherrn Prinz Eugen; daneben die

Die größte Pracht bleibt auf Bürgeln der Kapelle vorbehalten.

fenhausen. Seine Kacheln schmücken Embleme und Sinnsprüche über die Tugenden des Mönchslebens. Abschließender Höhepunkt des Rundgangs ist die zweistöckige Kapelle mit Deckenfresken von Anton Morath aus Grafenhausen. Rund um die zentrale Darstellung der Taufe Christi ordnen sich die Symbole der vier Evangelisten an: der Stier für Lukas, der Löwe für Markus, der Engel für Matthäus und der Adler für Johannes. Der reiche Stuck der Kapelle ist auch ein Beispiel dafür, wie die kunsthistorische Erforschung Bürgelns bis heute weitergeht – ob er von Johann Georg Gigl aus Wessobrunn oder aus einer Freiburger Werkstatt stammt, ist eine der Fragen, die man derzeit zu klären versucht.

Zu erforschen gibt es genug in Bürgelns langer Geschichte. Schon vor 1000 Jahren muss hier ein kleines Kirchlein des heiligen Johannes gestanden haben, die Grablege der Freiherrn von Kaltenbach. Als sich Werner von Kaltenbach mit seiner Familie ins Kloster zurückzieht, vermacht er 1125 seinen Besitz dem Kloster St. Blasien, sein Sohn wird der erste Propst in Bürgeln. In den nächsten sechs Jahrhunderten fällt die Propstei mehrfach Feuersbrunst, Brandschatzung und Krieg zum Opfer, sodass sich St. Blasiens Fürstabt Meinrad Troger und Propst Aloysius Mader 1762 für einen kompletten Neubau entscheiden. Der Entwurf des namhaften Deutschordensbaumeisters Franz Anton Bagnato ist für seine Zeit »pure Avantgarde«, urteilt der heutige Schlossdirektor Ehrenfried Kluckert und fragt sich: »Will der Fürstabt den

badischen Markgrafen – deren Territorium schließt Bürgeln von drei Seiten ein – Karl Friedrich und der »Türkenlouis« mit Sibylla Augusta; das Ganze flankiert von den geistlichen Herren, auf gleicher Höhe und gleich groß.

Kostbares Parkett betritt man im edelsten Wohnraum des Schlosses: das im Original erhaltene Prälatenzimmer mit farbigen Stuckaturen und einem spätbarocken Kachelofen des klösterlichen Ofenbauers Hans Nüssle aus Gra-

Am liebsten möchte man ja gleich anfangen zu schmökern!

Markgrafen imponieren« mit nobler frühklassizistischer Architektur und spielerischen Rokoko-Ornamenten?

Schon 40 Jahre später geht Schloss Bürgeln nach der Enteignung der Klöster in Staatsbesitz über. Später erwirbt es Viktor Freiherr von Gleichenstein und lässt 1912 den heutigen Ostflügel anbauen. Als das Schloss 1920 versteigert werden soll, gründen Privatleute aus der ganzen Region – selbst aus dem Elsass und der Schweiz – den Bürgeln-Bund. Er wird

neuer Schlosseigentümer und findet in dem ehemaligen Generaldirektor der Dresdner Lingner-Werke (Odol) Richard Sichler einen Pächter, der das Schloss aufwändig saniert und restauriert. Der Dauerbaustelle auf Bürgeln verdankt Sichlers Freund, der »Vordenker der sozialen Marktwirtschaft« Franz Oppenheimer, einen komplizierten Beinbruch. Aufsehen erregt Kommerzienrat Sichler damals mit dem hochmodernen Luxusbad aus Carrara-Marmor, das er im Schloss

einbauen lässt. Zugleich grast er aber auch den Kunst- und Antiquitäten-handel nach passendem Mobiliar ab. Sichlers Erben lassen allerdings das Inventar 1957 versteigern, nach-dem Übernahmeverhandlungen mit dem Land gescheitert sind. Empört schreibt »Die Zeit« damals: »Schloss Bürgeln ohne seine weltberühmten Sammlungen, das ist ... wie ein Hund ohne Schwanz.«

Der Bürgeln-Bund kann aber wich-tige Stücke des Inventars vor der Ver-steigerung retten und bemüht sich seither unentwegt darum, das Schloss durch Spendengelder, Mitgliedsbei-träge und Landeszuschüsse zu erhalten und zu restaurieren. Wie so oft fließt auch hier das meiste Geld in prosa-ische Dinge, von denen der Besucher am besten gar nichts mitbekommt: Wasser- und Stromversorgung oder Heizung und Kläranlage. Mit vielen ehrenamtlichen Mitarbeitern hat der Bürgeln-Bund 2008 das ehrgeizige Ziel verwirklicht, sein Schloss 365 Tage im Jahr für die Öffentlichkeit zugänglich zu machen. Thematisch orientierte Führungen erschließen neue Besucher-kreise und einmal monatlich lädt Bür-geln zum Schlosskonzert ein. Zugleich bemüht man sich, die wirtschaftliche Basis zu stärken. Im einstigen Ökono-miegebäude lockt das Schloss-Stüble, während sich der 1910 erbaute Glei-chensteinsaal als »exklusive Event-Lo-cation« für Feste und Tagungen an-bietet – ein Ministertreffen fand hier bereits statt. Und wer gäbe nicht gern das Ja-Wort zum Bund fürs Leben in der Schlosskapelle »z'Bürglen uf der Höh«.

Oben: In Bürgeln kommt sogar die Uhrzeit vom Himmel.
Unten: In 666 Metern Höhe, unter dem Gipfel des Blauen, sind die mächtigen Kachelöfen mehr als nur prachtvolle Dekoration.

76530 Baden-Baden:
Das Neue Schloss kann man nicht besichtigen. Die Besichtigung des Alten Schlosses ist kostenlos, die Gaststätte ist täglich von 10 bis 22 Uhr geöffnet.
Altes Schloss, Alter Schlossweg 10,
76530 Baden-Baden
Telefon (0 72 21) 2 69 48

76534 Baden-Baden-Neuweier:
Das Schloss ist nicht zu besichtigen.
Restaurant im Schloss Neuweier,
Mauerbergstraße 21,
76534 Baden-Baden-Neuweier
Dienstag Ruhetag, geöffnet 12 bis 21.30 Uhr
Telefon (0 72 23) 9 57 05 55
Internet: www.armin-roettele.de
Weingut Schloss Neuweier,
Mauerbergstraße 21,
76534 Baden-Baden-Neuweier
Öffnungszeiten: Mo bis Fr 9 bis 12 und
13 bis 17 Uhr, Sa 9 bis 13 Uhr.
Telefon (0 72 23) 9 66 70
E-Mail: kontakt@weingut-schloss-neuweier.de
Internet: www.weingut-schloss-neuweier.de

79189 Bad Krozingen,
Landkreis Breisgau-Hochschwarzwald:
Das Schloss ist nicht zu besichtigen, aber es gibt Führungen anlässlich der Schlosskonzerte.
Schlosskonzerte Bad Krozingen GmbH,
Basler Straße 30, 79189 Bad Krozingen
Telefon (0 76 33) 37 00
E-Mail: info@schlosskonzerte-badkrozingen.de
Internet: www.bad-krozingen.de

76669 Bad Schönborn-Bad Mingolsheim,
Landkreis Karlsruhe:
Die Justizvollzugsanstalt **Schloss Kislau** ist naturgemäß nicht zu besichtigen.
Es gibt aber einen Tag der offenen Tür.
Justizvollzugsanstalt Kislau
Telefon (0 72 53) 9 59 40
E-Mail: poststelle@jvabruchsal.justiz.bwl.de

79206 Breisach-Oberrimsingen,
Landkreis Breisgau-Hochschwarzwald:
Das Schloss ist nicht zu besichtigen, aber es gibt regelmäßige Kleinkunstabende:
E-Mail: kleinkunstbuehne-schlossrimsingen@hosp.de,
Telefon (0 76 64) 31 35

76646 Bruchsal, Landkreis Karlsruhe:
Öffnungszeiten Schloss: Di bis So 9.30 bis 17 Uhr, Mo nur an Feiertagen. Führungen stündlich. Sonderführungen unter
Telefon (0 72 22) 97 81 78 oder 9 34 98 81,
E-Mail: info@schloss-bruchsal.de,
Internet: www. schloss-bruchsal.de
Deutsches Musikautomaten-Museum:
Di bis So 9.30 bis 17 Uhr,
Führungen 11, 14 und 15.30 Uhr unter
Telefon (0 72 51) 74-26 52,
E-Mail: dmm@landesmuseum.de
Museum der Stadt Bruchsal:
Di bis So 10 bis 17 Uhr,
Sonderführungen nach Voranmeldung:
Telefon (0 72 51) 79-3 80 oder 79-2 53,
E-Mail: thomas.adam@bruchsal.de

76646 Bruchsal-Obergrombach,
Landkreis Karlsruhe:
Das Schloss ist nicht zu besichtigen. Die Kapelle steht Gläubigen im Sommer bei Gottesdiensten der Christusgemeinde offen.

77770 Durbach, Ortenaukreis:
Schloss Staufenberg
Besichtigung zur Öffnungszeit der
Weinstube: täglich ab 10 Uhr,
im Winter bis 19 Uhr, im Sommer bis
Sonnenuntergang;
Telefon (07 81) 9 66 41 56
Weingut des Markgrafen von Baden,
Schloss Staufenberg, 77770 Durbach,
Telefon (07 81) 4 27 78.
Schloss Neveu
Das Schloss ist nicht zu besichtigen,
aber es gibt eine Gutsschenke:
Hespengrund 11, 77770 Durbach
Telefon (07 81) 4 11 65
E-Mail: info@heinrichs-gutsschenke.de
Internet: www.heinrichs-gutsschenke.de

79312 **Emmendingen**,
Landkreis Emmendingen:
Öffnungszeiten: Mi 14 bis 17 Uhr,
So 14 bis 17 Uhr (Gruppen nach
Vereinbarung). Wegen Renovierungsarbeiten
sind Fotomuseum und Historische
Sammlung bis Herbst 2008/Anfang 2009
geschlossen.
Museen im Markgrafenschloss,
Schlossplatz 1, 79312 Emmendingen
Telefon (0 76 41) 4 52-3 24
E-Mail: museum@emmendingen.de
Internet: www.emmendingen.de

77955 **Ettenheim**, Ortenaukreis:
Die Stadt bietet Führungen wie den Barock-
Rundweg mit Kardinal Rohan durch das
historische Ettenheim.
Tourist-Info, Kirchstraße 4, 77955 Ettenheim
Telefon (0 78 22) 4 32-10
E-Mail: tourist-info@ettenheim.de
Internet: www.ettenheim.de

76275 **Ettlingen**, Landkreis Karlsruhe:
Öffnungszeiten: Mi bis So von 10 bis 17 Uhr.
Schlossführungen Sa und So 14 Uhr,
Gruppen nach Vereinbarung:
Telefon (0 72 43) 1 01-2 73,
am Wochenende (0 72 43) 1 01-2 59
E-Mail: museum@ettlingen.de
Internet: www.ettlingen.de

79098 Freiburg im Breisgau:
Öffnungszeiten: Di bis So 10 bis 17 Uhr.
Archäologisches Museum **Colombischlössle**
Rotteckring 5, 79098 Freiburg im Breisgau
Telefon (07 61) 2 01-25 74
E-Mail: arco-museum@stadt.freiburg.de
Internet: www.museen.freiburg.de

79117 Freiburg-**Ebnet**:
Grundsätzlich keine Besichtigung, außer bei
Veranstaltungen im Schloss. Geschäftsstelle
Ebneter Kultursommer e. V.,
Schwabentorplatz 7, 79098 Freiburg
Telefon (07 61) 8 88 78 87
Weitere Informationen:
Freiherr von Gayling'sche Verwaltung,
Schwarzwaldstraße 278,
79117 Freiburg-Ebnet
Telefon (07 61) 6 70 05 (9–13 Uhr)
E-Mail: gayling-verwaltung@gmx.de

79112 Freiburg-**Munzingen**:
Das Schloss ist bewohnt und nicht zu
besichtigen.

75053 **Gondelsheim**, Landkreis Karlsruhe:
Das Schloss ist außer bei Veranstaltungen des
Kulturvereins nicht zugänglich.
Kulturverein Schloss Gondelsheim e. V.,
Neibsheimer Straße 1, 75053 Gondelsheim
Telefon (0 72 52) 9 36 30
E-Mail: info@schloss-gondelsheim.eu
Internet: www.schloss-gondelsheim.eu

69117 **Heidelberg:**
Schlosshof und Großes Fass können täglich
von 8 bis 17.30 Uhr besichtigt werden,
Innenräume und Dauerausstellungen nur im
Rahmen von Führungen täglich von
9.30 bis 17.30 Uhr. Sonderführungen
nach Voranmeldung.
Das Deutsche Apothekenmuseum hat von
April bis Oktober von 10.15 bis 18 Uhr und
von November bis März von 10 bis 17.30 Uhr
geöffnet.
Schloss Heidelberg, Schlosshof 1,
69117 Heidelberg
Telefon (0 62 21) 53 84 31
E-Mail: info@service-center-
schloss-heidelberg.com
Internet: www.schloss-heidelberg.de

79423 **Heitersheim,**
Landkreis Breisgau-Hochschwarzwald:
Die Schlosshöfe sind für Besucher jederzeit
zugänglich. Schloss- und Museumsführungen:
jeden 1. Sonntag im Monat um 15 Uhr und
nach Anmeldung: Tourist-Info im Rathaus,
Telefon (0 76 34) 4 02-12.
Öffnungszeiten Maltesermuseum:
So und Feiertag 11 bis 12.30, 14.30 bis 17 Uhr,
Mi 14.30 bis 17 Uhr.

76131 **Karlsruhe:**
Öffnungszeiten des Badischen
Landesmuseums: Sammlungsausstellung und
kleine Sonderausstellungen, Di bis Do
10 bis 17 Uhr, Fr bis So und Feiertage
10 bis 18 Uhr; Sonderausstellungen:
Di bis So 10 bis 18 Uhr, Do 10 bis 21 Uhr;
Turm: Zugang bis eine Stunde
vor Schließung des Museums.
Badisches Landesmuseum Karlsruhe, Schloss,
76131 Karlsruhe
Telefon (07 21) 9 26-65 14
E-Mail: info@landesmuseum.de
Internet: www.landesmuseum.de
Schloss **Gottesaue** ist nicht zu besichtigen,
allerdings finden dort öffentliche Konzerte
der Hochschule für Musik (HFM) statt.
HFM, Am Schloss Gottesaue,
76131 Karlsruhe,
Telefon (07 21) 6 62 90,
E-Mail: info@hfm-karlsruhe.de
Internet: www.hfm-karlsruhe.de

68526 **Ladenburg**, Rhein-Neckar-Kreis:
Öffnungszeiten des Lobdengaumuseums:
Sa und So von 11 bis 17 Uhr,
Mi von 14 bis 17 Uhr. Telefon während der
Öffnungszeiten: (0 62 03) 7 02 70.
Führungen für Gruppen (bis max.
25 Personen) nur nach 14-tägiger
Voranmeldung.
Stadtinformation, Hauptstraße 7,
68526 Ladenburg
Telefon (0 62 03) 92 26 03
Internet: www.ladenburg.de

68159 Mannheim:
Öffnungszeiten: Di bis So und
an Feiertagen 10 bis 17 Uhr, letzter Einlass
um 16.30 Uhr. Führungen Di bis Fr
11 und 15 Uhr, Sa 11, 13 und 15 Uhr,
So und Feiertag ab 11 Uhr stündlich.
Gruppen- und Sonderführungen laut
Programm und nach Vereinbarung:
Telefon (06 21) 2 92-28 91
Service Center Telefon (0 62 21) 65 57 18
E-Mail: info@schloss-mannheim.de
Internet: www.schloss-mannheim.de

77799 Ortenberg, Ortenaukreis:
Die Unterburg (Jugendherberge) ist nicht zu
besichtigen. In die Oberburg gelangt
man durch den Malerturm (Rundturm).
Zugänglich: April bis Oktober täglich
9 bis 19 Uhr.
Weitere Informationen:
Gemeindeverwaltung, Am Dorfplatz 1,
77799 Ortenberg
Telefon (07 81) 9 33 50
E-Mail: gemeindeverwaltung@ortenberg.de
Internet: www.ortenberg.de
Jugendherberge Ortenberg, Burgweg 21,
77799 Ortenberg
Telefon (07 81) 3 17 49
E-Mail: info@jugendherberge-
schloss-ortenberg.de

76437 Rastatt, Landkreis Rastatt:
Residenzschloss Rastatt
Öffnungszeiten: April bis Oktober
Di bis So 10 bis 17 Uhr, November bis März
Di bis So 10 bis 16 Uhr. Führungen
stündlich, Buchung von Sonderführungen
über das Service-Center:
Telefon (0 72 22) 9 34 98 81 und
(0 72 22) 97 81 78,
E-Mail: service@schloss-rastatt.de
Besucherzentrum, Herrenstraße 18,
76437 Rastatt
Telefon (0 72 22) 97 83 85
E-Mail: info@schloss-rastatt.de
Internet: www.schloss-rastatt.de
Wehrgeschichtliches Museum: April bis
Oktober Di bis So 10 bis 17.30 Uhr,
November bis März Fr bis So 10 bis
16.30 Uhr.
Telefon (0 72 22) 3 42 44
E-Mail: information@wgm-rastatt.de
Internet: www.wgm-rastatt.de
Freiheitsmuseum: So bis Do 9.30 bis 17 Uhr,
Fr 9.30 bis 14 Uhr, Sa geschlossen.
Telefon (0 72 22) 7 71 39-0
E-Mail: erinnerung@barch.bund.de
Internet: www.erinnerungsstaette-rastatt.de
Schloss Favorite
Öffnungszeiten: 16. März bis 30. September
Di bis So 10 bis 18 Uhr, 1. Oktober bis
15. November Di bis So 10 bis 17 Uhr,
Besichtigung stündlich nur bei Führungen;
letzte Führung um 17 bzw. 16 Uhr.
Sonderführungen: Service Center:
Telefon (0 72 22) 9 34 98 81 und 97 81 78,
E-Mail: servicecenterschlossrastatt@
t-online.de
Am Schloss Favorite 5, 76437 Rastatt-Förch
Telefon (0 72 22) 4 12 07 (Schlosskasse)
E-Mail: info@schloss-rastatt.de
Internet: www.schloss-favorite.de

77977 **Rust**, Ortenaukreis:
Schloss Balthasar ist zu den Öffnungszeiten
des Europaparks zugänglich. Buchungen
außerhalb der Öffnungszeiten:
Telefon (0 78 22) 77 61 88 oder 77 61 99.
Europa-Park-Straße 2, 77977 Rust
E-Mail: info@europapark.de
Internet: www.europapark.de

79418 Schliengen, Landkreis Lörrach:
Schloss Bürgeln ist ganzjährig geöffnet.
Schlossführungen täglich um 11, 14, 15,
16 und 17 Uhr. Information über
Sonderführungen im Internet unter
www.schloss-buergeln.de
Weitere Informationen:
Dr. Ehrenfried Kluckert
Telefon (0 76 26) 2 37
E-Mail: info@schlossbuergeln.de
Schloss Entenstein dient als Rathaus, die
Innenräume sind nicht zu besichtigen.

68723 **Schwetzingen**, Rhein-Neckar-Kreis:
Schlossführungen:
In der Winterzeit (MEZ): Fr nur 14 Uhr,
Sa, So, Feiertag 11, 14 und 15 Uhr, in der
Sommerzeit (MESZ): Di bis Fr
11 bis 16 Uhr, stündlich, Sa, So und Feiertag
11 bis 17 Uhr nach Bedarf.
Schlossgarten: MEZ: täglich 9 bis 17 Uhr,
MESZ: täglich 8 bis 20 Uhr.
Badhaus, Moschee und Orangerie sind nur
während der MESZ geöffnet: Mo bis Sa
11 bis 18 Uhr, So und Feiertag 10 bis 18 Uhr.
Sonderführungen nach Vereinbarung.
Schlosskasse Schwetzingen
Telefon (0 62 02) 12 88 28
Service Center
Telefon (0 62 21) 53 84 31
E-Mail: info@service-center-schloss-
heidelberg.com
Internet: www.schloss-schwetzingen.de

79224 **Umkirch**,
Landkreis Breisgau-Hochschwarzwald:
Beide Schlösser sind nicht zu besichtigen,
der Queen-Auguste-Victoria-Park nur in
Ausnahmefällen.
Waltershofer Straße 16, 79224 Umkirch
Fax (0 76 65) 9 66-61
E-Mail: zentrale@fulwellpark.de

68753 **Waghäusel**, Landkreis Karlsruhe:
Über die künftige Nutzung der Eremitage
und eine Öffnung für Besucher ist 2008 noch
keine Entscheidung gefallen. Auskünfte
gibt die Gemeindeverwaltung Waghäusel:
Telefon (0 72 54) 20 70

69469 **Weinheim**, Rhein-Neckar-Kreis:
Das Schloss wird als Rathaus genutzt –
eine Besichtigung innen ist nicht möglich.
Schlosspark und Exotenwald sind frei
zugänglich, der nahegelegene Schau- und
Sichtungsgarten Hermannshof ebenso. Die
Stadt bietet Stadtführungen mit Erläute-
rungen zu Schloss und Kirche an.
Stadt- & Tourismusmarketing
Weinheim e. V., Hauptstraße 47,
69469 Weinheim
Telefon (0 62 01) 87 44 50
E-Mail: info@weinheim-marketing.de
Internet: www.weinheim.de

Prachtvoll

Flug über die Kurpfalz

Fotos von Peter Sandbiller.
Texte von Manfred Frust

Die Städte Mannheim, Heidelberg und Ludwigshafen mit ihrem gesamten Umfeld in exzellenten Farbaufnahmen aus der Vogelperspektive.

176 Seiten, 180 Farbaufnahmen, fester Einband mit Schutzumschlag. ISBN 978-3-87407-756-9

Flug über Schwarzwald und Rheintal

Fotos von Manfred Grohe.
Mit einem Vorwort von Eugen Dieterle

In rund 200 beeindruckenden Luftaufnahmen werden der Schwarzwald und das Rheintal von Basel bis Pforzheim und Karlsruhe, von Kehl bis Horb und Rottweil porträtiert.

176 Seiten, 198 Farbaufnahmen, fester Einband mit Schutzumschlag. ISBN 978-3-87407-755-2

Carlheinz Gräter und Jörg Lusin:

Schlösser in Hohenlohe

Geschichte und Geschichten

Dieser reich bebilderte Band macht Lust, die prachtvollen Schlösser Hohenlohes zu besuchen.

168 Seiten, 103 farbige Abbildungen, fester Einband. ISBN 978-3-87407-685-2

Silberburg-Verlag

www.silberburg.de

*S*chlösser am Oberrhein

A61

A5

A67

Weinheim

Mannheim

A6

Ludwigshafen

Ladenburg
Heidelberg

Neckar

Schwetzingen

A65

Waghäusel

Rhein

Schloss Kislau

Bruchsal

Obergrombach

Residenzschloss

Gondelsheim

Karlsruhe

Schloss Gottesaue

Residenz-schloss

Ettlingen

Pforzheim

A35

Rastatt

Schloss Favorite

A8

A4

Hohenbaden
Neues Schloss

Baden-Baden

A5

Neuweier

SCHWARZWALD

Strasbourg

Schloss Neveu

Schloss Staufenberg

Offenburg

Durbach

Schloss Ortenberg